唐太宗传

皮波人物国际名人研究中心　编著

国文出版社
·北京·

图书在版编目（CIP）数据

唐太宗传 ／ 皮波人物国际名人研究中心编著．
北京：国文出版社，2025． -- ISBN 978-7-5125-1834-6
Ⅰ．K827=421
中国国家版本馆CIP数据核字第2024G3G433号

唐太宗传

编　　著	皮波人物国际名人研究中心
责任编辑	罗敬夫
统筹监制	杨　智
责任校对	周　琼
出版发行	国文出版社
经　　销	国文润华文化传媒（北京）有限责任公司
印　　刷	文畅阁印刷有限公司
开　　本	880毫米×1230毫米　　32开
	6.5印张　　　　　　　120千字
版　　次	2025年3月第1版
	2025年3月第1次印刷
书　　号	ISBN 978-7-5125-1834-6
定　　价	59.80元

国文出版社
北京市朝阳区东土城路乙9号　　　邮编：100013
总编室：（010）64270995　　　传真：（010）64270995
销售热线：（010）64271187
传真：（010）64271187-800
E-mail：icpc@95777.sina.net

唐太宗李世民(599—649年),唐高祖李渊次子。唐朝第二位皇帝(626—649年在位)。

隋末,随父起兵。李渊称帝后,被封为秦王,任尚书令。曾镇压窦建德、刘黑闼等农民起义军,消灭薛仁果、王世充等割据势力。

武德九年(626年),发动"玄武门之变",唐高祖立为太子,旋继帝位。在位期间,轻徭薄赋,疏缓刑罚,加强对地方官吏的考核。又修《氏族志》,抑制士族,发展科举制度。常以"亡隋为戒",任贤纳谏。此时社会安定、经济复苏,旧史家誉为"贞观之治"。

贞观四年(630年),击败东突厥,平定吐谷浑、高昌,置安西都护府,底定唐代版图,被少数民族尊为"天可汗",促进了中原与西域的贸易、文化交流。

贞观十五年,以文成公主嫁吐蕃赞普松赞干布,促进了藏族经济、文化的发展,加强了汉藏两族的联系。

统治后期渐生骄奢之心,营建宫室,征战频仍,赋役渐重。晚年著《帝范》,总结一生政治经验,并评述自己的功过。

目 录

第一章 英雄出少年
尊贵的出身 …………………………… 003
"世民"的由来 ………………………… 006
知道爱民的孩童 ……………………… 009
少年初显才华 ………………………… 011
除暴政救天下苍生 …………………… 015
霍邑之役显神通 ……………………… 019

第二章 战功赫赫的青年秦王
忍一时之辱大破薛军 ………………… 029
招虎将收河东得勇士 ………………… 035
拒绝王世充的求和 …………………… 044
一举消灭王世充、窦建德 …………… 051
捕漏网之鱼定河北 …………………… 063
不败将军李靖收复江南 ……………… 068
不费一兵智退东突厥 ………………… 075

第三章 开创大唐盛世

玄武门之变 …………………………… 083
定盟约再退突厥大军 ………………… 088
大力革新创盛世 ……………………… 093
明君的一面改过镜 …………………… 097
一代贤后长孙氏 ……………………… 103
平定大漠被尊为天可汗 ……………… 107
领土空前广大 ………………………… 113
文成公主远嫁吐蕃 …………………… 122

第四章 千古明君

二十四功臣留像凌烟阁 ……………… 131
魏徵病逝 ……………………………… 162
皇子间争位 …………………………… 164
不拘一格发展儒学 …………………… 168
西去取经的玄奘 ……………………… 175
取得《兰亭序》真迹 ………………… 177
东征失败憾离世 ……………………… 188

第一章 英雄出少年

尊贵的出身

隋文帝开皇十八年(599年)十二月二十二日,在陕西武功的一座别馆里,传来一阵响亮的婴儿哭声,一个健壮的男婴呱呱坠地了。据说,这个婴儿出生的时候天空上飘浮着紫色的祥云,门前出现两条直冲云霄的金龙。这个男婴就是日后的千古明君唐太宗——李世民。要了解李世民的一生,我们还是要先从他的家世说起。

从李氏七世祖开始,他们这一族的人就在各朝中有显赫的地位。西魏时,李世民的曾祖父李虎官至太尉,因对朝廷有功被赐姓大野氏。到北周时,李虎被追封为唐国公。从此,李氏一族便世代承袭唐国公这一名位。

李世民的祖父是李昞,祖母是独孤信第四女。(独孤信的长女,是北周明帝[宇文毓,宇文泰长子]的皇后;独孤信第七女独孤伽罗,是日后的隋文帝杨坚的皇后。)

李世民的父亲李渊,7岁时被封为唐国公,在北周时官任御史大夫、安州总管、柱国大将军。在隋炀帝即位后,李渊任荥阳(今河南荥阳)、楼烦(辖境相当于今山西忻州市,以及娄烦、静乐、岚县、兴县、苛岚、五寨、保德、河曲、偏关等县)二郡太守,后拜山西河东慰抚大使。

李世民的母亲窦氏,是北周武帝(宇文邕,宇文泰第四子)的外甥女,她从小就十分聪明、勇敢。隋文帝篡夺了北周政权称帝后,窦氏悲愤地说,如果她是个男子,一定要洗雪国仇家恨。她的父亲听到这句话后,认为她不是普通的女子,将来一定前途不可限量。随后便在门屏上画了一对孔雀,凡是前来求亲的人,必须射中画中孔雀的两只眼睛,才能娶他的女儿做妻子。过了很久,才有一位青年达到了这个要求,他就是李世民的父亲——李渊。

　　李氏先祖长期在北朝为官,多与胡人通婚。他们这一族的血液中融合了胡、汉两种血统。因此,唐太宗的个性中既有野蛮精悍的特质,又有温文沉毅的成分,后来才能成为一代文武兼治的明智君主。

第一章 | 英雄出少年

唐太宗

([清]姚文瀚绘《历代帝王像》)

"世民"的由来

李渊在岐州任太守时，一日，一位书生打扮的人来到太守府门前要求晋见李渊。侍仆向李渊禀报后，李渊很高兴地接见了他。平日里李渊就喜欢结交朋友，尤其是读书人。因为读书人来求见他，不是谈些乡隐民情，就是谈些需要改革的政治措施。其中有些人会提出极好的建议与计策，这些都是对国家人民有益的，李渊很乐意听取他们的意见。

那个书生模样的人神态平和地向李渊行礼，李渊打量了他一番，心中很是惊异。此人俊朗飘逸、气质非凡、神态自若，声音也比一般人更浑厚，与他以前所见的书生大不一样。

李渊和气地回礼并请那书生坐下，问他前来所为何事？原来这个书生对星象、五行、八卦都有研究，前些天他观察到太守府中有一股奇特的气象，而后在街头见到李渊时发觉他果然有贵人相，且命中注定会有不平凡的儿子，所以今天才冒昧地到府上求见，希望能和太守府的公子们见见面。

书生的要求使李渊大感不解。当时的人都很相信星象、符卦这一类命相之说,所以李渊考虑了一会儿,便答应书生的请求,让侍仆请公子们出来见客。还有很重要的一点是,他感到此人不是普通的书生,这人不仅精通命相之学,而且全身弥漫着一种难以形容的神秘气质。

书生端详了站在他面前的小世民一会儿,便激动地赞美这个孩子神态秀伟似龙凤,器宇轩昂如日月,以后一定是个济世安民的栋梁之材。书生的话使李渊大为高兴,他想到当初在武功别馆生二儿子时就曾经出现过异象,今天这书生又说他像龙凤、像日月,这孩子也许真的会成就一番大业。李渊便从书生所说的"济世安民"四个字中,择取"世民"二字为二儿子命名。

隋文帝仁寿四年(604年)七月一天,李渊的一名军师匆匆跑到太守府告诉他皇上驾崩了。李渊惊喊一声后连忙跪下,边落泪边向军师询问皇上得的是什么急病。因为前些天去上朝时,皇上只是有点儿小病并无大碍。军师转头看看四周,确定没有人后走近李渊身旁,低声地告诉他到处都传闻是太子杨广派人将皇上害死的。李渊忙用手掩住军师的嘴,说这样的话是要被灭九族的。打发走军师,李渊很担忧,他知道要是杨广做了皇帝,天下的人都没有好日子过了。

这个担忧是有道理的。隋文帝是个节俭又爱民的好皇帝,他的二儿子杨广却是个有点儿小聪明却非常自负、

骄奢又暴虐的人,与文帝完全不同。为了夺取皇位,杨广不惜设计陷害自己的亲哥哥,现在甚至秘密谋害了自己的父亲。

太守府内李渊的4个儿子正在练习射箭。突然爆出一阵热烈的欢呼声,原来是因为小李世民刚刚连续射中三箭,他的侍从不禁高兴地欢呼起来。7岁的小李世民挥舞着手中精致的弓箭向欢呼的侍从答礼,虽然他还是个孩子,全身上下却散发出独特的气质,令人刮目相看。站在阶梯上看儿子们射箭的李渊,看着箭法精准的小李世民俊秀的脸庞,心想:果然是与众不同的孩子啊。

知道爱民的孩童

仁寿四年(604年),杨广即位,史称隋炀帝。在位期间,杨广不停地用至高无上的权力来满足自己的私欲。他听信相士的话,在旧洛阳城以西18里的地方营建新都,新都占地70余里,样式完全和首都大兴城相同。为了能让这座新都早日竣工,他下令每月从全国各地征调大量壮丁日夜赶工。此外,还严令全国官员四处搜寻奇花异草、珍禽怪兽放在新都以供玩赏。这样仍不满足,他又下令开凿运河,在长安到江都的途中设置离宫40多所,并建造龙舟、船只数千艘用来游玩江南。他在游玩途中鱼肉百姓的恶行罄竹难书。其后,为了炫耀国力,他向高丽发动战争,置人民于水深火热的处境。

"父亲,您最近在忙些什么啊?"李世民走到父亲的身旁关切地问。

"皇上要盖新都、挖运河,命我去征调民夫。"李渊露出一副忧心忡忡的样子。

"父亲,我听说皇上南下乘坐的龙舟高45尺,长200尺,船身雕刻得十分精美。"李渊的大儿子李建成用羡慕的口吻说,"拉船的船夫就用了8万人,队伍长达200里,父亲,您带我们去看看好不好?"李世民的小弟李元吉听了也在一旁拍手嚷着要去。

"父亲,我听先生说古代英明的君王,都以不扰民作为施政的原则,为什么现在这个皇帝要在农忙的时候,征调那么多壮丁呢?难道他不怕百姓没饭吃吗?"李世民皱着眉头问道。

李渊忙告诉李世民这样的话是不能乱说的,又问李世民怎样才算是英明的皇帝呢?

小李世民朗声说:"要亲民、爱民、不扰民,要向尧、舜、禹、汉武帝他们学习。"李渊听了儿子的回答,感到很欣慰。

"父亲,您为什么不向皇上进谏,恳求他善待老百姓呢?"小李世民又仰着头问。

"皇上不爱听这个啊,前些时候有朝臣在朝堂上向皇上进谏:'因为壮丁都被征走,没人下田干活,田地都荒废了,到处都在闹饥荒,活不下去的百姓只能跑去当盗匪。'结果那个大臣的话还没说完,就被拖出去砍头了,你说谁敢再去进谏?"李渊满脸愁容地说,"而且,皇上又远游江南去了,我就算想进谏,也没地方去啊!"

连年征丁,田地荒芜,到处闹饥荒,百姓们已经无法生存了。攻打高丽失败了,这样一来百姓更是怨声载道,全国不少地方的百姓开始起义了。

第一章 英雄出少年

少年初显才华

隋炀帝大业七年(611年),也就是隋炀帝亲征高丽的那一年,大规模的叛乱开始了。由于近半个世纪以来少有大的战乱,人民都习惯于安居乐业的生活。山东、河北一带的许多壮丁突然被强拉去攻打与自己毫无仇怨的国家,他们根本不愿意。这些征夫纷纷寻找各种机会逃走,有的潜逃到山川林泽,最后甚至聚众抗命。隋炀帝处理叛乱的方法就是杀无赦。在这种高压政策下,反正都是死路一条,他们只有铤而走险、冒死一拼了。起义的风声越来越大,全国形成割据分裂的局面。

当时只要有点儿领导才能的人都招兵买马、拥兵据地,自立为王。所以不到3年时间,据地称王的人不下数百。其中势力比较大的有河北的窦建德,山东的徐圆朗,河南的李密、王世充,河东的刘武周,江淮的李子通、杜伏威、沈法兴,江西的林世弘,荆湘的萧铣,西北的梁师都、郭子和、薛举、李轨。天下已经被分裂了,李世民问父亲是不是也应该起兵?李渊痛斥了他一番,坚持为人臣子,不管皇帝是不是好皇帝,都应该为皇上效命。李世民只得遵从父亲的话。

大业十一年（615年），动乱的局势日益严重，隋朝的政权已经风雨飘摇了。昏庸的隋炀帝为了炫耀国威，亲率大队人马到北方视察。突厥的酋长始毕可汗早就了解到，隋朝的军队毫无斗志、不堪一击。当隋炀帝军队到达雁门关时，始毕可汗率领数十万强悍的骑兵前去袭击，果然轻而易举地将隋炀帝及其带领的大队人马困在雁门关。朝廷急忙向全国各地征募勇士，组成敢死队，去解救被困的隋炀帝。

当征兵的消息传到太原后，李世民立刻奔进府中向父亲请求让他加入云定兴的军中，打退夷兵救出隋炀帝。

李渊想了一会儿，觉得儿子能有这样远大的志向是一件很难得的事，而且这是立功成名的好机会，就答应了。

年仅18岁的李世民终于可以把自己的才华显露出来了。李世民不但有大志、胆识过人，还很有谋略。参军后，他立即向主帅献出自己的计策。他认为始毕可汗之所以敢举兵包围皇上，是算准隋军援兵不足，不能在短时间内赶去救援。隋军的确不是突厥兵的对手，所以，要赢这一场战争只有用计——这个计谋就是旗鼓疑兵计。

所谓的旗鼓疑兵计，就是先把部队的行列尽量拖长，然后一路不停地击鼓，使敌兵产生幻觉——白天看到的都是隋军的旗帜、晚上听到的都是隋军的战鼓声。对方的探子一定会把这些情报回报给始毕可汗,始毕可汗定会以为有大批隋军援兵赶到而连夜逃走。不然以隋军现在的实力直接去攻打始毕可汗的军队,是绝对赢不了的。

云定兴听后半信半疑,但李世民自信的眼神、果决的态度使他终于决定相信这个少年,使用这个计谋去对付始毕可汗。

果然如李世民所料,就在军队摇着军旗、擂着战鼓络绎不绝地进入雁门关的途中,始毕可汗接获情报后连夜撤兵逃走了。这一支仅数万人组成的军队就这样轻而易举地吓走突厥10多万大军,没损一兵一卒就将隋炀帝救了出来。

没有交战就将隋炀帝救了出来,李世民成了少年英雄。许多人都知道李渊有个出色的好儿子,年纪虽小,胆识、计谋却十分了得。

第二年,李世民又一次发挥了他杰出的军事才能。那一年冬天,叛军历山飞率领大军攻占太原,隋朝大将潘长文不幸战亡。李渊奉命围剿叛军,两军在介休西南雀鼠谷中相遇,叛军兵多将勇,没厮杀多久,就将李渊的部队包围住,情况十分危急。李世民在后方得到父亲被围困的消息后,立即率一小队骑兵火速赶去救父。只见他骑着马飞一般冲入包围中,迅速拉开弓箭。敌人还没有反应过来,一下子就被射杀了数十人。李世民的剽悍神勇令敌军胆寒,纷纷退向两旁,让出一条路。这年轻勇敢的英雄,凭着他高超的射技、过人的胆量,创造了一次令人难以置信的胜绩。援军赶到后,李氏父子俩一鼓作气,把人数众多的叛军消灭了。

这两次胜利,正如他父亲所预想的一样,李世民扬名于天下了。

除暴政救天下苍生

献计救帝和只身救父除了使少年李世民声名大噪外,还是他一生命运的转折点。

在护送隋炀帝回京的途中,李世民亲眼见到军纪散乱的士兵、生活悲惨的百姓,饿殍遍野,到处是不忍入目的悲惨景象。回到京师的隋炀帝住着华丽的宫阙,过着奢靡的生活,不但不吸取教训,好好主持朝政、训练军队、安定百姓,反而在休息调养后,再度率领大队人马到江南游玩去了。

李世民心中又一次产生了为救天下苍生而起义的想法。他觉得如果皇上是个英明的圣主,自己哪怕做一个小卒都甘心情愿,为捍卫自己的国家牺牲性命也是不会推辞的。如今皇帝如此荒唐暴虐,难道就因为自己是臣子就要助纣为虐吗?孟夫子不是说过:"闻诛一夫纣矣,未闻弑君也。"

有理想、有抱负又有能力的李世民内心十分挣扎,还没有决定自己是不是应该出来为百姓谋幸福。因为承袭国位的皇族大臣,只要出兵就是叛变。成功的话可以实现自己的理想,名垂千古。如果失败了,就会恶名昭彰,

世世代代都得蒙受叛臣的恶名,使全族的人蒙羞。思索再三,坚毅不屈的李世民决定不顾个人名声,为了百姓也要去起义。他要效法尧舜,使全国百姓都能过上舒适的日子。

同时,许多有远见的政治家也注意到这位英勇不凡的少年英雄。一天,李密的姻亲刘文静对他的好友、晋阳宫监裴寂说:"李渊的二公子是个了不得的人物,将来必定会有一番大作为。"

"是吗?我倒看不出来,他只不过是个没有沾染坏习性的世家子弟罢了。"裴寂说出他的看法。

"那你就错了,他绝不是寻常人。"刘文静郑重地说,"我观察过,发现他的度量不亚于刘邦,干劲则和曹操不相上下,虽然年纪轻轻,行事运兵却很有法度,比那些胡搞的乌合之众强多了,日后会成就帝业也说不定。"

这一番话传到李世民的耳中。"生我者父母,知我者刘文静。"李世民暗想,"虽然他现在是朝廷的犯人,但为国家前途,我何必避什么嫌疑呢?我想他一定有许多好的建议,我一定要和他畅谈一番不可。"此时刘文静因为李密在洛阳谋反而受牵连,被拘禁在监狱中。

李世民特地到狱中探望刘文静。寒暄过后,刘文静便开始旁敲侧击地问:"二公子,你对时局有何看法?我认为这么乱的局面,除非汤武、刘秀之流的人才在世,否则,这天下是平定不了的!"

"你怎么知道没这种人呢?也许这人早已出世,只是普通人看不出来罢了。"李世民豪放地说。

当李世民说这话时,全身上下仿佛发出耀目灼人的光,使得刘文静不禁点头叹说:"真是位英雄豪杰啊!"

"我这次不避嫌到狱中,就是要和你商量起义的事。我觉得这件事不能再拖下去,要早日将百姓救出困境才好,所以希望能听听您的意见,更希望您能为我谋划。"李世民恳切地将心事说出来。

"好极了,我早就想和公子讨论这件事了,只可惜一直找不到适当的机会。我被抓进监狱以后,还以为再也见不到您了,想不到……"刘文静压低嗓音凑近李世民说,"事不宜迟,现在正是动手的好时机。如今皇上远走扬州,我的女婿李密现已包围东都,那些占领州郡和占山称王的人无论势力大小,不过是些毫无谋略的乌合之众。您只要提出百姓信服的口号,坚持为百姓办事,一定可以使天下统一的。现在各方逃兵多聚集在太原一带,我在那里做过几年地方官,和他们的头目有点儿交情,只要您肯屈下结交,立刻就会有10万人投到您的旗下。令尊的部将也有数万人。凭借这些兵力,趁李密围东都,我们直取长安,自京师号令天下,如此一来天下不需半年即可安定了,您认为怎样?"

"果然是个好主意,细节方面还需要再仔细谋划一番,"李世民诚挚地握着刘文静的手,"我立刻回去和父亲商量,并设法尽快将你救出来。"

能谦虚听取他人意见是李世民成功的最大因素。他聪明绝顶,遇事能立即做出正确的判断,但决不因此而刚愎自用。相反,他乐于听取不同的意见,然后分析利弊,从中选取一个最好的方法去实行。

从此,李世民的公馆便成了江湖豪客的秘密聚会所,他除了得到许多谋士为他效力外,还交结许多拥有兵将的英雄人物。

霍邑之役显神通

"如今皇上昏昧,民生困窘,咱们晋阳城外就是战场,每天厮杀来厮杀去,我们即使有心改善百姓的生活,也无法在这兵荒马乱的时候实施,所以我认为只有顺从民意,发动义兵,才是最好的方法,您说对不对?"李世民积极地游说父亲。

李渊听后大怒,忙把李世民关在房里不让他出来。但是李渊不禁想起当年那位奇异书生的话。再有,这回突厥来侵犯边境,李渊因兵少不幸战败,朝廷方面不听解释,曾经要派人押解李渊到江都问罪,幸亏得人解劝,隋炀帝才收回成命,不再追究。李渊想了一夜,终于同意起兵了。这一年,李世民年仅20岁。

大业十三年(617年),李渊尊隋炀帝为太上皇,辅持当时留守长安的代王侑(隋炀帝之孙)为帝,传送檄文到各郡县。古代社会臣子反叛是极大的恶名,因此李渊父子不得不找一个合理的借口起兵。他们以"废昏立明"为口号发动起义,李氏大军浩浩荡荡地向长安开去。起义的第三天,就把太原外围的几个郡县都攻下来了。

当时隋朝边境最强大的敌人就是突厥,为求得援助,李渊特派刘文静前去交涉,并表示必要时即使称臣也无所谓。有计谋有远见的李渊认为大丈夫能屈能伸,不要为一点儿小事而坏了大局。突厥人喜爱财物,李渊就向他们承诺,成了大业后,一定会送很多金银给他们。

刘文静果然不负众望,突厥首领始毕可汗立即派遣2000骑兵增援,还赠送战马千匹。

李氏大军分几路攻至霍邑城下时,代王派宋老生率两万精兵进行抵抗。隋将宋老生是个比较有谋略的人。他知道霍邑城非常坚固,城内存有丰足的粮食,难以硬攻。他想出"避不迎战"的计策,下令紧关城门,闭不出战,决心以死守来拖垮城外存粮不多的李家军。

这一着棋果然下对了。没几天,李家军的粮食快吃完了,敌人还是不肯出来应战,加上连日暴雨,使得士气一天天低落,后来李渊都泄气了,下令班师回太原。

李世民得知消息后立即冲到营内对父亲说:"李家军乃是为天下生民而起的,应该直入长安号令天下才对,怎么能因为一点小挫折,就退回去。这样岂不是和打家劫舍的盗匪一样吗?这样回去会叫天下人笑话的。父亲,请您收回成命,军队绝对不能撤退。"

李渊摇摇头说:"命令都下了,而且雨一直下个不停,可见天都不帮忙,还是回去才是上策啊!"说完就走开了。

李世民出去一看,左路军已经开始撤退,便冲过去极

第一章 | 英雄出少年

力拦阻,但军心溃散无人肯听,哪里拦得住?他一急便跪在军门外号啕大哭。

李渊被他吵得不耐烦,便叫他进来问道:"你到底想干什么啊?半夜三更了,还在那儿大哭大叫,成何体统!"

"父亲,我哭是因为这一回咱们都要没命了!"李世民悲痛地说,"您想想看,这一撤退士气全无,后面的敌人却士气正旺,不用多久便可追上我们,我们必定抵挡不住,大家不是都要没命了吗,我怎能不哭呢?"说完又低声啜泣。

李渊这时才醒悟过来,叹口气说:"你说得有道理!只是左路军都已经往回撤了,该怎么办才好呢?"

"没关系,我的右路军还没动,留他们在这儿防守,我和大哥分头去把左路军追回来。"李世民和大哥李建成立即骑马去追赶。半路上雨愈下愈大,他们两人居然跑到一个山谷中。

"老二,这是什么地方?"李建成问李世民。

"我也不知道,看样子我们是迷路了。"

"那怎么办呢?我看就坐在这儿等天亮吧,免得不小心摔到谷底丧命了。"李建成垂头丧气地说。

"不行,那军队可就追不回来了。我记得刚才经过一个双岔口,我想另一条路应该在山的那一头。大哥,咱们翻过这座小山吧!"

"啊！翻过去——"李建成正要反对，看到李世民坚定的神色，只好将没说出口的话吞下，将马丢弃，开始爬山。

天色微亮，李建成全身湿淋淋地倚在树干上喘气，望着在他前面数十尺，仍不停前行的弟弟，不禁摇头说："二弟，我真服了你，如果爬过去不是另一条路怎么办？"

"总会有一条路的，只要有路就可以找到他们。"李世民信心十足地说。

二人费尽力气爬到山顶，果然瞧见下面树林中隐约露出军队的旗帜，他们精神大振，又呼又喊地急跑下山，终于将军队追了回来。

回到驻地，李世民立刻冲入父亲的营帐。

"父亲，我在回来的路上想了一下作战策略，我认为应该用速战速决的方法才能取胜。您想，宋老生是个经验丰富的将领，他的部下都是训练良好、身经百战的精兵。我们的军队成立没多久，将士没有经验，训练时间不长，士气还很不稳定。更严重的是现在粮食不足，再耗下去，咱们就会不战自败，必须用激将法将他们激出来，然后速战速决。"

"好，好，我立刻叫人去办，你快去躺会儿吧！"李渊看着奔波了一夜全身湿透却神采飞扬的儿子心疼地说。

老谋深算、工于心计的宋老生起初对李家军的叫骂毫不理会，但是经过李世民一再挑衅，他手下的将士忍耐

第一章 | 英雄出少年

不住了，纷纷要求开门迎战。宋老生在李家军愈来愈难听的叫骂声中不禁心烦气躁，又在城头上看到李世民带着几个仆从，拿着马鞭沿着城下边走边指指点点，一副不把城上将士放在眼中的神情，更是气得火冒三丈。再加上身边的将士不断劝说，宋老生立刻传令敲鼓宣战。

围城的第 26 天，宋老生终于率兵出城迎战了。李氏父子早已摆好了阵势，李渊和李建成带一路兵攻打城东，李世民和姐夫柴绍带兵攻打城南。"擒贼先擒王"，宋老生决定先攻东阵，只要将李渊拿下，这场战争就稳操胜券了。他一拍马便杀了过去，李建成立即前来迎挡，三回合后被宋老生击落下马，东阵败退。

李世民一看形势不对，立刻策马转向城东。宋老生前后受敌，应接不暇，只好急忙退到城边，想要从事先备好的绳梯爬入城中，不料李世民带领士兵追到那里，一刀就把宋老生斩杀在城下。隋兵见将领被杀，顿时乱了阵脚，没有费什么工夫，霍邑城仅半天就被攻下了。

攻下霍邑后，李家军士气大为振奋，不到 10 天又攻下好几个郡县。这时，刘文静请来的突厥援兵也赶来会合，使得李家军的势力更强了，影响也越来越大。有许多势力较小的割据军队赶来投靠。针对这种情况，李世民提出了他的主张，就是捐弃私嫌，只要是真心诚意为国家为百姓的，都欢迎他们加入李家军。

李世民还吸取了霍邑一战中因军粮不足、险些导致不战而败的教训,提出先夺永丰仓(今陕西澄城县南)再攻长安的主张。

实施这两大主张后,李家军的军力越来越强。等到十月围攻长安城时,已有兵将20多万。代王虽派兵顽强抵抗,但哪能挡得住这一支百战百胜又有充足粮食做后盾的雄师呢?因此不到一个月的时间,长安城就被攻下了。

攻取长安后,李渊仍立代王为帝,自己做大丞相,加封唐王。随后立即和百姓约法十二章,将隋朝苛政全部废除,并勒令部下不许侵犯隋朝的宗室及天子宗庙。从此,北方的政权就转移到李氏父子的手中了。

隋炀帝到江都后,生活更加奢靡无度。这时传来了长安被攻陷的消息,他便决定不再回北方了,下令在现在的南京市修筑丹阳宫作为皇宫,准备把朝廷移到江南。隋炀帝的大臣多半是北方人,他们十分渴望回到家乡,因此南方朝廷的内部开始分裂了。

大业十四年(618年)三月,也就是李渊在长安称唐王的第五个月,江都发生了政变。隋炀帝的宠臣宇文化及与卫队将领共谋叛变,在一个深夜里,率兵直入寝宫将隋炀帝绞死,立秦王浩为帝,而实际大权却操纵在宇文化及手上。

第一章 | 英雄出少年

隋炀帝被杀、宇文化及夺权的消息传到长安,全朝的人都十分震惊。年幼的代王认为今后天下纷乱的局面绝不是他所能应付得了的,便决定把帝位禅让给李渊。

第二章 战功赫赫的青年秦王

忍一时之辱大破薛军

隋炀帝大业十四年(618年)五月,李渊登帝位,史称唐高祖,国号唐。他册封李建成为太子,李世民为秦王,李元吉为齐王,另一子元霸年幼早夭,所以只授谥号。一个新的王朝开始了。

在此期间,全国形成群王割据的局面,被分裂了。刘武周在马邑(今山西朔州)称杨可汗;薛举在金城(今甘肃兰州)称帝,国号秦;李轨在武威(今甘肃武威)称帝,国号凉;宇文化及在聊城(今山东聊城)称帝,国号许;王世充在洛阳(今河南洛阳)称帝,国号郑;萧铣在江陵(今湖北江陵)称帝,国号梁;李子通在江都(今江苏扬州)称帝,国号吴。

另外,还有两大不可小觑的势力,一为河北的夏王窦建德;一为江淮的吴王杜伏威。这些人都想称霸天下,所以唐朝在建国初期就面临着统一天下的艰巨任务。

唐武德元年(618年),在金城自称秦帝的薛举,率兵30万前来攻打长安。

七月,薛军打到高墌(今陕西长武北)。唐高祖派李世民率八路军前去抗击敌军。

由于部将刘文静、殷开山没有听从李世民指挥,仗着士兵众多大意轻敌。没多久刘、殷二人战败,高墌失陷了。秦王李世民染上重病卧床不起。唐朝大军不得不退回长安。

"唉!薛举的大军就要杀到京师来了。"唐高祖既愤怒又担心,"难道大唐的基业建立不到一年,就要落入他人之手吗?"满朝文武没一人敢答话,个个低垂着头,暗自叹息。

可能是唐朝实不该亡,在薛举大军杀向长安时,首领薛举因患急病突然暴毙。薛举一死,薛家军不再继续往长安进发,危急的局面暂时缓和下来。办完薛举的丧事后,他的儿子薛仁杲才又举兵,再度攻向长安。

唐高祖担心薛举与占据武威的李轨联合起来,连忙派人去与李轨交涉,获得了李轨的支持;接着派病愈的李世民再度率兵出战。

李世民率军到达高墌,他想到薛仁杲此时一定粮草不足,便决定采取当年宋老生对付他们的战略。李世民立刻命令挖深沟、筑高垒、盖粮仓,准备与薛仁杲大军在此展开长期拉锯战。

"秦王,我们再也受不了啦。"

"去迎击吧!"

"太可恨了啊!秦王。"

第二章 | 战功赫赫的青年秦王

李世民每天都能听到部下带着愤怒的请求,他的心像被一团烈火焚烧。

某天李世民正在办公,忽然听到外面一片哭号声,便走出去看看发生了什么事。原来薛仁杲围城多天,不管怎么喊骂,李世民仍然按兵不动。

薛仁杲便想了一个狠毒的办法,将在前几次战役中俘虏的唐朝士兵捉到城下,在唐兵的面前,将俘虏的舌头、鼻子一点一点地割下来,或是把他们当稻草人一般在身上一刀一刀地刺着;有的半身被埋在土中,薛兵拿着鞭子狠狠地抽打,到处鲜血淋漓、惨不忍睹,俘虏们凄惨的哀号声让唐兵仇恨的烈焰燃烧到无法控制的地步。

"秦王,求求您,去救他们吧!"

唐军所有的将士都跪在地上恳切地向李世民请命。他们的脸孔因愤怒扭曲着。

"不行,要忍耐!"李世民忍着泪水,一个字一个字清晰地说,"我们的部队不久前才吃了败仗,士气比较消沉;敌人刚刚获胜,斗志高昂,我们不能在这个时候去应战。现在,我们能做的是固守城门,慢慢消磨对方的锐气,等他们旺盛的士气衰竭了再出击,才有必胜的把握。"

"秦王,难道我们就这样眼睁睁地看自己的兄弟被凌迟、折磨吗?"队伍中有人怒吼,"对,我们要打!要打!""太欺负人了!"部将们纷纷大喊。

"住口！难道你们希望也被抓去拷打、分尸吗？不要再说了，按照我的计划去做。再喊要打的人，先把他拖出去斩了，军中不能有不服从军令的人。"说完便头也不回地进去了。

两个多月过去了，唐朝士兵天天看到自己的兄弟在对方手中受酷刑，心中又怒又恨，个个抱着誓死拼杀的决心。唐军士气大振，每个人都随时准备出城一战。

这时，薛仁杲军队旺盛的士气渐渐消竭了，粮食马上就要吃完了，有许多薛兵因为无法忍受时时高度防备偷袭的压力，偷偷地跑到唐营投降了。

"明天我们就要出兵反攻了！"李世民有条不紊地宣布作战计划，"庞玉，你带大军将薛仁杲的大部队诱往浅水原；我率轻骑兵从后面夹击，让敌军头尾不能相顾，一定会有许多士兵掉入涧谷中的。"

一切都像李世民预料的一样，当薛仁杲的部队发现不妙时，大军已陷在峡谷中，进退不得。没用多长时间，薛仁杲的士兵死的死、伤的伤，有的转而投入唐军，几万大军就这样溃散了。

许多败兵纷纷逃往薛仁杲驻守的折墌城（今甘肃泾川东北）。李世民担心他们到那儿和薛仁杲会合，增加对方兵力，等不及和庞玉的大军打声招呼，就大喝一声带着20多名轻骑兵追去。这一仗打到深夜，败兵们四处逃命。

第二章 | 战功赫赫的青年秦王

夜还未过,薛仁杲站在城墙上只听到一片厮杀声,搞不清谁是自己人谁是敌人,既不敢开城门,又不敢出城增援,焦急万分。

天色刚亮,薛仁杲不禁跌坐地上大声喊说:"天哪!唐军竟然只有20多名,快开城门派兵去把他们一网打尽,杀得一个也不留。"

可惜已经没有机会了,庞玉率领的大军已经赶来了,并且迅速将折墌城包围起来了。薛仁杲一看大势已去,只好开城投降。

战争结束后,部将问李世民在浅水原击溃薛军大部队时,为什么只带20多名骑兵去追击逃兵,要知道薛仁杲在折墌城还有几万人马呢,难道他就不怕吗?

李世民很自信地告诉部将:"这就是用兵的诀窍啊。"如果当时没有紧追,而让他们回驻地得到休息,情势就完全不同了,整个战役都会非常艰难。何况对李世民来说,那20多名骑兵都是精兵,对付那群落荒而逃的败兵绰绰有余了。

"这次战役能一举取得成功也是因为薛军上次打赢了我们,就不把我们放在心上,认为这次一定会赢,根本没做失败后的准备,所以吃了败仗就慌了手脚,一味地只知逃命,毫无战斗力,我们的人再少都能打败他们。"李世民向大家解释了敢于带着极少的人追击薛军逃兵的

原因。

"真是高见!"所有的人都赞叹不已。

"对了,秦王,当初这一群恶人杀害我们的兄弟,今天该轮到我们报仇雪恨了吧?"一名部下按捺不住地问,全体将兵听了都鼓掌叫好。

"千万使不得,"李世民立刻摇头正色地说,"既然对方已经投降了,就不要再追究过去的事。祸首薛仁杲已经被杀,其余的人肯投效到我手下,就是我的部属。我对大家是一视同仁的,不要再提什么报仇不报仇的事。"

"明天我们去打猎,可别让他们跟去,免得半路上发生意外。"有人说。

"为什么?怕他们不是真心投降吗?如果做什么事都疑神疑鬼,是绝不会成大事的。再说,既然是庆功狩猎,所有人可以参加,为什么不许他们去?你害怕的话,让他们都跟着我吧。"说完,李世民豪爽地大笑。

唐高祖派李密前来慰劳士兵,当他看到李世民正和一群前几天才投降的叛军拿着弓箭在草原上追逐野兔时,忍不住赞道:"真是个勇敢英明的人!这么年轻就有如此胆量和气魄,难怪他能平定这些祸乱了!"

招虎将收河东得勇士

唐朝初年,唐高祖消灭了薛举、李轨两方割据势力后,下一个目标就是攻下刘武周军。刘武周早就对长安虎视眈眈了。在突厥的支持下,占据河东(今山西)的刘武周自立为王,并接受了突厥首领赐予的"定杨可汗"的称呼,军事实力大大增强了,不仅兵员众多而且兵强马壮,足以与唐军相抗衡。

刘武周原本是一个小混混,因为与一位隋朝太守的侍妾私通,怕被太守发现后治罪,只好起来造反,并没有什么宏图大志。他手下有两名骁勇善战的将领,一个是宋金刚,另一个就是尉迟敬德。

山西隶属太原府,李渊在长安称帝后,大本营一直交给幺儿齐王李元吉治理。

李元吉是个不爱管理政事的人,他对所辖境内有人造反的事根本不放在心上。他最关心的事就是狩猎,他曾不止一次地公开对部下说:"我宁可三天不吃饭,绝不能一日不打猎。"有时因为处理公事没时间去狩猎,李元吉就当街射箭,吓得路人呼天喊地、四处乱躲,他却乐得拍手大笑。

一天,士兵来报,刘武周率5000骑兵前来攻打太原城,李元吉抚着手上的弓箭轻松地说:"张达,你带100名步兵去挡挡吧。"

张达一脸的难色,说道:"大王,不要开玩笑了,5000骑兵用100步兵去抵挡——"

"不要啰唆,我想他只是来闹着玩的,你去好言好语一番,把他们打发走不就得了吗?"李元吉不耐烦地大吼。

张达只好领了100名步兵前去迎战,越想越觉得害怕,索性就投到刘武周帐下,当起刘军攻打太原的前锋来了。

李元吉得到消息后豪气万丈地对部下说:"我带着精兵前去迎战,你们领着剩下的人守城吧。"结果他偷偷收拾好金银财宝,带着妻妾连夜逃回长安。不久,太原府就落入刘武周手中。

唐高祖听到这一消息后大发雷霆:"咱们的大本营这么快就被攻下了,你到底是在干什么?传出去叫天下人听了都会笑话的!"

李元吉委屈地说:"不是我不肯守,而是刘武周手下有一名长相黑黑的大将十分了得,没有人是他的对手,我看实在打不过他,所以才带部下逃回京师的。"

"哦,有这么一回事?"唐高祖将信将疑。这时唐高祖极其信任的将军裴寂来求见。

"传他进来。"唐高祖眉头紧皱,心想,这裴寂前两天才被派去剿击刘武周,这么快又回来了,难道……

"陛下,臣子罪该万死,罪该万死。"裴寂一进宫殿,立即跪地叩头连声求饶。

"你也是败在刘氏叛军那个大将手下吗?"唐高祖高声问道。裴寂连声说是,又将那员大将的神勇夸赞一番。

"这样看来河东只有弃守了,既然刘武周手下有这等勇将,我看再打下去也没用了。"说完,唐高祖就下令放弃河东。

李世民上前慷慨陈词地说:"太原不仅是我们唐室的根据地,而且它位于京师与塞外之间,是兵家必争的地方。这样轻而易举就拱手送人,我实在不甘心。父王,请拨3万军士给我,我不怕那什么勇将,一定要将太原等郡收复。"唐高祖听到李世民这样说,立刻舒展了眉头,下令调兵。

下朝后,李世民找到能将李勣,请求李勣给他推荐几名勇士。李勣举荐了五虎将中的程咬金、秦叔宝。李世民不禁欣喜万分,他更有把握打胜仗了。

所谓"五虎将"是程咬金、秦叔宝、罗成、单雄信和王伯当,他们原是李密手下的五员大将,个个如狼似虎,尤其拿双锏的秦叔宝和舞花枪的罗成更是英勇盖世,天下闻名。

这五名大将在李密败后,就投到王世充帐下,单雄信还做了王世充的驸马。不过,王世充不能知人善用,这几名大将在他手下郁郁不得志,所以李勣一来招揽,秦叔宝、程咬金就立即投到秦王军中。

这时,李世民又接到战败的消息,大将李孝基、独孤怀恩、唐俭、刘世让等人先后被俘虏了。

几天后,两军相遇,秦叔宝主动请缨打头阵。只见秦叔宝全身黄衣,骑着黄色宝马,手拿双锏,神采奕奕,直驱阵前。

这时敌阵里走出一名大将,果然黑得惊人,身高大约有九尺,体宽是普通士兵的两倍,手拿纯铁打造的单鞭,骑着一匹黑色骏马,猛一看还以为是个黑土塑成的黑罗汉。原来他就是尉迟敬德,只见他挥舞单鞭冲了过来。

两人立刻厮杀起来,只见飞沙走石中,一黄一黑两个影子激烈地打成一团,分不出谁胜谁负,双方人马屏住气息,全神贯注地看着。

打了不知多少回合,天色渐渐暗下来,尉迟敬德开始招架不住,眼看就要被秦叔宝的锏刺着,赶紧一勒马缰转身便逃。秦叔宝自然紧追不舍,一边追赶一边砍杀敌军,一口气便砍了200多名敌军,打得尉迟敬德走投无路,率着部将直往前逃。

尉迟敬德招架不住,李世民料定他一定会择机逃跑,因此早就率领士兵埋伏在前方等候。前后一夹击,打得这支军队有如落花流水,溃不成军,除了尉迟敬德逃脱外,其余的部将几乎都被杀光了。

这一场战役大获全胜,但李世民并没有产生自满的情绪。他恳切地向部下们说道:"叛军大将宋金刚没损什么兵力就攻下这么多城池,一定是出乎他们意料之外的。刘武周现在盘踞在太原,全靠宋金刚在外面维持。这太原本就是我们的大本营,在地形地势上我们自然要比他们清楚,所以不必讲求速战速决。先占据他们运粮的要道,再把他们围困在城中,日子一久,没粮食可吃,士气自会慢慢低落,到时他们内部一定会分崩离析。等他们自乱阵脚后,我们就可赢了这场仗。"

以静制动,以逸待劳,这是李世民一贯的作战策略,在没有弄清敌人的实力以前,他是绝不会轻举妄动的,忍耐力是他一再以少胜多的主要原因。

"那个尉迟敬德是条好汉,我很欣赏他,下次交锋时,想办法降伏他,可千万别伤了他。"李世民特意交代下去。度量大、善用人,这也是他成功的重要因素之一。

李勣一听李世民想要收降尉迟敬德,就向李世民推荐了程咬金。程咬金很是吃惊,因为他的武艺远远不如秦叔宝。其实李勣已有计划,他在程咬金耳旁嘀咕了一阵。程咬金满意地答应了。

李世民赶忙问是怎么一回事，程咬金忙说："等我立功回来，秦王您就明白了。"

原来李勣推断刘武周粮草不足，一定会把补充粮草的重任交给尉迟敬德，所以就叫程咬金半途去劫夺粮草。早年程咬金做过土匪，武艺虽比不上秦叔宝，但十分机警聪明。

程咬金接下命令，立即率领军队到运粮道附近埋伏。没几天，果然见尉迟敬德押着大批粮草迤逦而行。

"此山乃我占，此路由我开。要过山路去，留下买路钱！"程咬金从树林中蹿出来吆喝道。

"你这家伙不是降唐的程咬金吗？"尉迟敬德一眼认出他来，不禁放声大喊，"在此干什么勾当？"

"奉军师的命令来接收粮草啊！"程咬金不屑一顾地说。

尉迟敬德大怒，举起单鞭冲了过去，程咬金接了几招，一晃钻入林中。

尉迟敬德骑马追入，三追四赶就是不见程咬金人影，惊呼上当，连忙跑出树林，粮草早已消失无踪，询问了部将后得知当他追入树林时，突然出现数千名唐军，他们迅速将粮草推入林中，当追过去时，那些人和粮草居然都不见了。尉迟敬德大怒，和部将搜寻了半天也没有找到，只好再回后方搬运粮草。

原来这条道上经常有盗匪出没,为方便抢劫后逃脱,这些盗匪就在林中设置机关暗道,将树林弄得有如迷宫,有的路是活路,有的却是死路一条,这两种路都有暗号,程咬金对这些当然了如指掌,所以,就利用这地利之便,劫了尉迟敬德好多粮草。

这样持续了3个月,尉迟敬德的粮草迟迟无法送到太原,所以太原城的粮草快吃光了,士兵们开始沉不住气,有些甚至打算弃城撤退。

"秦王,不要再等了,要知道功难成而易败,机难得而易失,不趁这个时候去解决他们要等到何时?"将领刘弘基劝李世民不必再拖延了。

"不错,"李世民点点头,"前锋准备,立刻出发。"

一声令下,休养多时的将士个个如猛虎出柙,奋力往前冲。杀得宋金刚部队无力招架,只得四处乱窜。

"要乘胜追击,不可错失歼灭敌人的机会。"李世民下令连夜追击,那些走投无路的败兵早已筋疲力竭,有的甚至倒地不能行动了,唐军士气却愈来愈旺。

这一天一夜中,两军大大小小的战役打了近10场,宋金刚每战必败,被俘被杀的士兵不下数万人。

逃到介州,眼看就要被追上了,宋金刚决定决一死战,将部队排成长达七八里的阵势。李世民丝毫没有轻敌,他派李勣、程咬金、秦叔宝防守北路;翟长孙、秦武通担任南路防守,并叫部下吹奏起"秦王破阵乐"鼓舞士兵。只见唐军个个士气高昂,宋军个个面如死灰,胜负已可预知。

乐声一停,只听秦叔宝发出石破天惊的一声怒吼,只见一道黄影子飞似的冲入宋军,等大家回过神来,那黄影子已回到唐军阵前,手中拎着宋军前锋将领的脑袋。唐军立即爆出欢呼声,宋金刚部越发胆战心惊了。

"可恶!冲啊!"宋金刚怒不可遏地大吼。

双方士兵立刻厮杀起来,李世民率轻骑兵立于高处,只要发觉有哪一路稍微招架不住,他就立刻冲下来救援。这样一来,敌军应接不暇,没多久就将宋金刚军队杀得七零八落,无法再战。

宋金刚一看情势不对,连忙率几名士兵狼狈地逃往突厥部落。刘武周接获消息后,连夜逃到塞北突厥处寻求庇护。

李世民命令就地扎营做饭。正吃得高兴的时候,他想起一件事,便问李勣:"茂公,你不是说程咬金有法使尉迟敬德来降吗?粮草倒是劫了很多,为什么一直没看到他呢?"

"尉迟敬德三番两次运粮都被程咬金劫了,宋金刚还以为他和我们私通,就把他拘在太原城中,没让他出来作战,等会儿我们回太原府,就可见到他了。"李勣得意地说。

尉迟敬德原本执意不肯降唐,谁知宋金刚、刘武周逃到突厥后不但没得到庇护,始毕可汗在盛怒之下,反把他们二人杀了。

尉迟敬德成了无主之将无处可去,而且秦王派去劝降的人对他十分客气,前思后想,尉迟敬德终于答应投入唐朝的旗下。

拒绝王世充的求和

武德三年(620年)七月,一场更大的战役开始了。平定刘武周三个月后,唐朝决定向在洛阳称帝的王世充、占据河北的窦建德进军。

这次战役的总指挥仍是秦王李世民。一开始,他便将部队分为四路:一路由史万宝负责,从宜阳进据洛阳东南的龙门;二路由刘德威率领,翻越太行山围攻洛阳东北的河内(今河南泌阳);三路由王君廓领军绕道洛阳占据洛口(今河南巩东南),截断对方的粮道;四路由黄君汉率队绕过洛阳东北进攻粮库回洛城(今河南孟津东)。李世民自己则统领大军屯驻在北邙山,和王世充的主力对峙。

王世充的女婿单雄信当初在李密手下时与秦叔宝、程咬金等人十分要好,虽然双方已各事新主,且两军对峙,但旧日的恩情还在。

"我想明天派支先锋部队去探探洛阳城,但不知谁愿意去?"李世民问众将。程咬金、秦叔宝面面相觑,不敢作声。

"秦王,我去!想我尉迟敬德降唐至今还没半点功绩,这回这个功劳让给我吧。"

"太好了,明日咱们就准备酒菜等你凯旋。"李世民高兴地笑着说。

第二天,尉迟敬德率3000人马杀到洛阳城下叫阵。

一阵喊话之后,城门立刻打开,一位雄武的将官骑着匹黑色骏马领着大队卫兵气势汹汹地出来,只见那马上之人青面獠牙,红发赤须,身材高大,拿着把纯铁打成的枣阳槊,好不威风。当他看到叫阵的是一个浑身黝黑,长相并不出众的人时很不屑地撇撇嘴,丝毫没把尉迟敬德放在眼里。这人正是王世充的女婿单雄信,五虎之一。

两人二话没说就开打起来。打了数十回合后,单雄信开始落下风,暗想:"这黑炭还真了得,再打下去必败无疑,还是回城为妙。"反手一槊,便拍马回城。敬德正打得高兴,见单雄信一溜烟逃进城去十分气恼,也不收兵就在城下叫骂不休。

这时李世民已得到消息,率轻骑来到城下,王世充见状连忙跑来求和。

"隋朝灭亡后,你们唐室占有关中,我郑室并没有越过占据的洛阳,一向是井水不犯河水,为何你要来攻打我们?"王世充好言好语地问道。

李世民朗声回答:"如今天下的百姓都愿意归顺唐朝,只有你不肯顺从,而你又未能使东都的百姓摆脱困苦

的生活,为顺应百姓的要求,我们只好替天行道。"

"老百姓懂得什么!我们何必浪费军力、财力,停兵讲和,不也很好吗?"王世充卑下地说。

"不行,我是奉令来开战的,不是来讲和的。"李世民一口回绝。王世充只好失望地看着李世民带着部将飞奔而去。

原来李世民派出去的几路大军,不但都已抵达预定防守的地区,而且沿途每场战役都大获全胜。

如今王世充前后被围,粮道又被截断,城里的存粮已所剩无几,如果不请和的话,一定会败在李世民手中。以前在敌强我弱的情况下李世民都没有认输,何况现在处于有利的形势呢?李世民当然不会同意王世充的求和的。

求和没有成功,王世充寝食难安。他的女婿单雄信给他出了个主意,让王世充派勇将罗成到自立为夏王的窦建德那讨救兵。单雄信认为虽然以前和窦建德断交了,但天下没有永远的敌人,何况郑国灭亡了对夏国是一点儿好处也没有。

王世充觉得单雄信的话很有道理,一颗心才慢慢镇定了下来。

第二天,尉迟敬德又来挑战。城门一开,走出了一位威武的长枪将军。

"来者报上名来。"尉迟敬德大喊。

"罗成。"长枪将军将名字缓缓地说出,声音虽不大,唐军每一个将士都安静下来,个个眼睛直瞪着他。

"原来你就是罗成,人称天下第一好汉,久仰了!"说完,单鞭就朝罗成胸前扫去。罗成长枪一举轻松地将鞭子挡去,反手一个回马枪,正刺着尉迟敬德的屁股,疼得他没了分寸,只顾抡起单鞭胡打一气。罗成招式一点儿也不乱,挑、挡、劈、刺,打得尉迟敬德只有抵挡的分儿。眼看这人实在了得,尉迟敬德不敢再战,率军队连忙退走。

单雄信在城内看到这一幕觉得机不可失,立刻带领3000人马杀出城去,追得唐军人仰马翻,溃不成军,个个垂头丧气地奔回营地。

"又打胜了吧,尉迟将军。"程咬金笑着问。

"输啦!"敬德没好气地答,"不过那罗成倒是真厉害,不愧是天下一流的好汉!"

"好啦!你们两个别坐在这儿说风凉话了,罗成是你们的好弟兄,当初因病没来降唐,今天怎反而来打唐朝人呢?"李勣笑着问。

秦叔宝当初受过单雄信的恩惠,如今一直不好意思出去见他,听李勣如此说,忙用手肘触撞程咬金的腰部。

"明天我去会他好了。"程咬金扭动着身躯急吼。

程咬金率着人马来到洛阳城下,罗成领兵出战。程咬金挤眉弄眼地向罗成打哑谜。罗成看了半天,搞不清楚他是什么意思,一拍马冲过去喝说:"少装神弄鬼!"一枪便刺了过去。

程咬金转身就逃,罗成紧追在后说:"到树林子里好说话。"

两人一前一后跑进了树林,不知在里头干了些什么。半天过后,只见两人杀出来,仍是程咬金在前面逃,罗成在后面追。程咬金一挥手大队军马便跟着他逃回营地,罗成无法再战,只好回城。

"恭喜你又打了胜仗。"单雄信跟在罗成身边,不停地问着,"你和程咬金说了些什么?你们在林子里干什么了?"又说,"罗兄弟,你总不会去降唐吧?我和父王都待你不薄啊,你可千万别像秦叔宝、程咬金那两个忘恩负义的家伙!你明明可将程咬金活捉过来,为什么又放他回营?莫非……"

罗成听了单雄信质问的那些话,心中十分不满,想着为什么单雄信要怀疑他。他又想到程咬金对他说的秦王是怎么爱惜人才、知人善用。表哥秦叔宝也在唐军,秦王并没有为了要他表示忠诚而逼他出去作战。那王世充待自己虽然很客气,却时常只说不做,根本没有什么诚心,跟这种奸猾的人肯定不会有什么作为。罗成越想越气愤,气愤的是单雄信不信任他,同时他觉得程咬金说得很有

第二章 | 战功赫赫的青年秦王

道理。

辗转了一夜,罗成想通了。

第二天仍是程咬金来迎战,打了几回合两人又冲进了树林子。这时,林子里还有两个人,一个是李勣,另一个是表兄秦叔宝,几个人在林中交谈许久。再出来时,罗成就随他们三人直奔唐营。单雄信在城墙上见后怒不可遏,骂了半天才悻悻入城。

求和不成,罗成投靠了唐军,单雄信和王世充又生出一条计谋。他们发现李世民去察看地形和侦察敌情时只带少数骑兵前往,于是决定暗杀李世民。

重阳节这一天,李世民带着李勣、尉迟敬德及500骑兵到魏宣武陵去察看地形。王世充得到探子回报的这个消息后,立刻命单雄信带着万余人前去截杀。

王世充的军马把李世民及部下团团围住,这时唐军已得到秦王被围的消息,立刻派兵来营救,但都被郑军杀回,情势越来越危险。单雄信直冲到李世民的马前,在这千钧一发的时刻,只见尉迟敬德从李世民一侧冲出,直刺单雄信的马腿,使他坠落马下;接着护着李世民冲出重围,与支援的大军会合后,带着军队与王世充大军开战,王世充军全军覆没。

这一战,尉迟敬德发挥了很大作用。其实,尉迟敬德不顾生死、以命护主是有原因的。

唐太宗传

尉迟敬德在降唐之前斩杀了不少唐军，还包括职位比较高的军官，因此不少唐军都敌视他。降唐后他并没有立过什么大的军功，将士们对秦王如此优待他很不满。

刘武周投降后，不少刘军降将都逃跑了，唐军将领都怀疑他有异心，把他关了起来，并请求李世民处死他。

李世民非但没有处死尉迟敬德，还把他请到自己帐中安慰他，表明自己绝对信任他，并赐了许多金银给他。士为知己者死。从那以后，尉迟敬德死心塌地地为李世民效劳。

李世民不愧为英明的将领，他的大度、知人善用和信任部下的态度，让他的部下无一不愿死命效劳，这也是他屡战屡胜的重要原因。

一举消灭王世充、窦建德

"父王,好消息,"单雄信高兴地自宫外冲进来,直嚷着说,"窦建德已经答应派兵来援助我们了。"

王世充听到这个消息后,悄悄地松了口气,安心了不少。王世充在洛阳城内被围了近半年,一直无法冲出重围,粮道又被截,眼见粮食一天天减少,却一点儿办法都没有。与唐军的几场战争都是损兵又折将,他快无法支撑下去了。现在窦建德既然肯出兵相助,他决定立刻带所有的士兵去和唐军一决生死。

"等援军来了再攻打,不是更好吗?"单雄信不解地问。

"咱们的粮食快吃光了,不能再耗着干等,既有外援,唐军设在边界的几路军一定不敢乱动,就趁这个机会冲去和李世民决一死战。"王世充一想到现在凄惨的局面,不禁怒火中烧。

城外的唐军还没来得及做任何的准备,城门已经打开,几万名大军以排山倒海的威势边冲边喊,向他们攻去。

这几个月唐军在洛阳城外,一直没遇到大的战役,日

子一久,士气就逐渐消沉,防备也渐渐松懈了。对突然发生的袭击,大部分的士兵一时都手足无措,乱了方寸,不知该如何应付才好。

幸亏李世民临危不乱,指挥若定,手下的勇将也发挥了最大的威力,杀了许多冲锋上来的敌军,这样才勉强稳住了阵脚。可是,王世充已冲破重围,直往浴口奔去。

"不要泄气,"李世民自信又坚定地向军队喊道,"贼子被咱们困得受不了啦,所以才会拼死命冲出来。虽然他们现在已经跑走了,但我们还是可以把他们追回来,今天非擒住他们不可。"

"屈突通,你率5000步兵先过河追赶,我再从后面夹击。"李世民派屈突通带兵是经过一番深思熟虑的。此人不久前才从王世充那边投降过来,一心急着立功。而程咬金、秦叔宝、罗成等人和王世充都有前恩旧情,要他们去截拦怕会一时心软放过王世充,当然没有屈突通来得稳当。

屈突通一接到军令,立即率5000名步兵全力去追赶,没多久就追上了郑军。王世充的军队也受过精良的训练,其中以"排槊兵"阵式最为厉害。

郑军一看追兵赶到,立刻分排拿槊排好迎敌阵势,一个个拿槊的士兵站成一长列,排成好几十列。屈突通毫不畏惧,领着5000雄兵在列阵中横冲直撞,猛杀一气。

那些拿槊士兵也十分了得,被冲散了就立刻恢复阵形,有人倒下就立刻有新人补位,若不是有后援赶到,纵使有再多的兵也会被累垮的。

一阵悠扬的"秦王破阵乐"传来,只见李世民率着大队骑兵从后面赶来夹击。

"冲!"千军万马在一声令下后向前冲去,呐喊声震天动地,几百名士兵被马匹冲散倒地,好不容易站起来,大队军马又冲了过来。这一来一往再加上屈突通的5000步兵趁机攻击,不到几个时辰,王世充的几万名大军所剩无几,他只好连忙带着残兵败将逃回洛阳城去。

遍野都是士兵们的尸体,血把河水都染红了。"多可怕的战争啊!"李世民悲叹,"这些昏昧的人到底要哪一天才能清醒?天下到哪一天才能太平啊?"

"秦王,我们要不要冲进洛阳城?"尉迟敬德一副意犹未尽的模样。

"不必了,王世充再也无力反击了,"李世民摇摇头,"我们还是继续围城,等他粮食耗尽,自然就会出来投降的,他今天伤亡惨重,我看是拖不了多久了。"

又过了十几天,王世充还是没有投降,唐军的军心却开始骚动了。

"为什么围了七八个月,还不能取胜?"

"听说洛阳城里囤积的粮食可吃几十年呢,咱们在这简直是等死啊。"

"听说王世充逃进洛阳后,开始研究更威猛的阵式,哪一天再冲出来,我们可就……"这一类的流言开始在士兵中传开,最后连将领的信心都渐渐动摇了。

"秦王,我看还是放弃洛阳吧。"总兵刘弘基绝望地说,"新都固若金汤,我们是绝对没法子攻进去的。"

"是啊,秦王,我觉得士气逐渐低沉了,再不班师回长安,恐怕会吃败仗,军队都难以保全。"另一名将领也担忧地说。

眼看胜利即将来临,这些没有远见的人却主张退兵回京师,李世民越想越不是滋味,就板着脸冷冷地说:"除了洛阳城以外,王世充其他的郡县都投降了。洛阳城如果真那么了得的话,那些人为什么要降?"

李世民顿了顿,又说:"再说,当初他占州据县我都不怕,何况现在只有一座孤城,眼看就要成功了,为什么要放弃?"

"可是……"还有人想力争。

"不要再可是了,再有人提退兵回京师的话,就先把他拖出斩了。"李世民斩钉截铁地表示,这样流言才慢慢得以平息。

其实这个时候,不但前方的将士信心动摇,在长安宫中等待捷报的唐高祖也忧心忡忡。

"为什么攻东都这么久都攻不下来？"

"听说王世充很狡猾，诡计多端，他女婿的武艺也十分了得，我看秦王的攻势只怕受阻了。"朝中的臣子连忙将自己的推论报告上去。

"我想也是如此，"唐高祖点点头，"快下诏给秦王，要他不必强取，如果情势困难，赶快班师回京师来。"

李世民接到这命令后只得派人回京师将详细的情形报告给唐高祖，这才使唐高祖打消了要李世民回京的念头。

正当李世民努力平息部下班师回朝的念头时，窦建德率领的几十万援郑大军水陆并进浩浩荡荡来到了河南。

占据河北的窦建德实力十分雄厚，他为人奸猾、心怀叵测。当初王世充向他求援的时候，他一口答应但并没有出兵，因为他想在王世充和李世民相争时坐收渔人之利。直到听到王世充大军惨败被围困洛阳的消息后，他认为时机已到，才命军队前往支援。

"秦王，窦建德的大军已把管州（今河南郑州）、荥阳等州县抢去了，我军派到那儿的兵力太弱，不是他们的对手。"唐军将领来报告失败的消息。

"去请参谋们来，我们立即召开军事会议。"李世民毫不慌乱地吩咐下去。

李世民首先把当前的局势给众人阐述了一遍,这次围攻洛阳耗费了不少时间,眼看王世充就要支撑不住出来投降了,他们都没想到会杀出一路援军来。

"刚刚我收到窦建德送来的最后通牒,要我立即班师回长安,将王世充旧有的属地归还给他,这样他就可以不来攻打我们,诸位认为该如何呢?"李世民向部下询问道。

"我主张先退到新安,再乘敌人不注意时偷袭。"封伦、屈突通嚷着说。

"我不赞成,"薛攸说,"这样一来我们岂不是从主动转为被动了?现在王世充不敢轻举妄动,是因为缺乏粮食,如果我们退走,他肯定会趁机补足粮食。若是他们两军一会合,实力自然大增,窦建德又可从河北运粮食过来,到那时他们的力量就胜过我们啦!"

"可不是嘛!"另一位将领也站起来发言,"你们忘了上回他那排槊兵的威力,这一回只要他们提防后面夹击,我们可就不易得胜了。"

"所以我主张既围洛阳,又迎战窦建德。"薛攸坚持他的看法。

"我还是觉得该退守。"

"不,不能退。"

两派人展开激烈的辩论,李世民听着两边的争论,考虑了一会儿,站起来说:"主张退守的固然是兵家赞扬的稳扎稳打的方法,但对目前的情势并不适合。薛攸说得对,等他们两军会合实力增强,士气必然大增,哪还会有机会让我们去突袭呢?所以,我决定留一半人马给屈突通。你和齐王一起合作,继续围住洛阳城;我带兵连夜赶到虎牢(原是武牢,武周后改为虎牢),去给窦家军一个措手不及。"

虎牢是一个极其险峻的关卡,只要先占住这个地方就占据了有利地位,再强盛的兵力也休想攻入了。

李世民敏锐的判断力使得他比窦建德早一天到达虎牢,抢得这个有利地形是李世民赢得这一场战役的主要因素。

到达虎牢扎营之后,李世民就急忙带着李勣、程咬金、秦叔宝等人率领 500 名骑兵,悄悄地出城朝窦建德军营去打探虚实。他们一边走一边设埋伏,身边只剩下 4 名卫兵时碰到了敌军的巡逻兵。

"什么人?"

"秦王李世民。"

巡逻兵一听愣住了,当他们醒悟过来,李世民已发箭射倒对方领头的将领,剩下几人立刻跑回去搬救兵。

窦建德一听李世民就带着四五个人,立即派数千名骑兵追击。李世民看到追来的骑兵,立刻拍马朝营地奔去,估计敌军快接近自己时,他立刻紧急勒马,转身就射

出好几箭。这个举动大出敌军意料,他们来不及抵挡,更来不及反击,就被射翻了好几人。

李世民越战越兴奋,忍不住又回头射了好几箭,就这样连续几次,把怒火正旺一心想捉住他的敌军毫无防范地诱入自己的埋伏圈。

敌军发现埋伏的人并不多,仍旧往前直冲,谁想到埋伏是一个接着一个。最后,程咬金、秦叔宝等猛然杀出,把那群敌军打得乱了阵脚到处乱窜,500多人竟将近6000名敌军打得溃不成军。

"痛快,痛快!今天算是看到了咱们秦王的真本事!"程咬金一回营就四处叫嚷着。

"确实了得,之前打了那么多胜仗,没有一场能胜过今天这一场,真漂亮!"李勣和秦叔宝也在旁边高兴地说笑。

"今天不过是小试锋芒,之后会让你们更过瘾的。"李世民平静地告诉他们。

原来李世民已经派王君廓领了1000多名骑兵到窦建德的粮道上打游击,没多久,一车车自河北运来的粮草就堆在虎牢的谷仓中,唐军的士气更加高昂了。

窦建德在营中踱着方步,军师在一旁劝说他退兵。因为唐高祖并没有派兵攻打窦建德的夏国,两国算是无冤无仇,没有必要因为王世充来蹚浑水。

第二章 | 战功赫赫的青年秦王

虎牢那地方自古以来就是一人把守万人难攻的雄关。现在窦军的粮草一再地被截,再拖下去情势对他们就非常不利了。军师一条条地向窦建德分析着。

窦建德的军队现在是进退两难。他攻不下已经被李世民大将占领的虎牢关,若是退兵又怕天下的人都会嘲笑他。窦建德一时不知该怎么办才好。

就这样,两军对峙了4个月后,窦建德实在忍耐不住,他决定倾巢而出决一死战。

浩浩荡荡的夏军沿着虎牢关城墙,一字排开,竟长达20多里。站在城墙上往下望,只看到旌旗蔽空,黑压压一长排望不到头的人墙。不少唐军看到这阵势都忍不住倒吸一口凉气,脸色变得惨白。

"大王,这么多的敌军,我们抵挡得了吗?"李世民的部下忧心忡忡地问。

李世民镇定地告诉部将这场战役一定会赢,他给部下分析了几点原因:"窦建德没经历过大场面的战争,现在是一决生死的时候,他还任由部将在那敲锣打鼓吵闹不休,可见这支军队的军纪不严、素质不高。窦军的这个列阵紧靠着城墙,连个缓冲的余地都不留,可见他一点儿都没把我们瞧在眼里,以为我一见这场面就会被吓住了,他这种轻敌的态度就足以使他一败涂地了。"

那时虽是初夏,骄阳炙热的威力却不可小觑。窦建

德的军队一大早就到虎牢布阵,可是无论他们怎么挑战、辱骂,城里的唐军都不应不理。可怜这几十万大军从早上直站到中午,个个汗流浃背,又饥又渴,有的甚至不支倒地。

窦建德不得已只好下令收兵,李世民却不给窦军回营休息的机会,他趁着窦建德大军人困马乏,下令猛攻。李世民亲自领着一队人马直冲窦建德所在营地,窦建德手下大将没有抵抗只顾四处逃命,窦军指挥中心一片混乱。

窦军将士一看中心大营已被摧毁,个个都惊慌失措,丢盔弃甲。这一战仅是俘虏就有5万人。窦建德一看大事不妙,急忙逃往牛口渚,不料被紧追而来的唐将捕获。他用财宝高官诱惑捕捉到他的军官,却没人理会他。

当晚在大营举行庆功宴,李世民忍不住跑到窦建德面前大吼说:"我打王世充,你跑来凑什么热闹?"

窦建德蹙着眉苦着脸说:"我想替你省麻烦嘛!省得你日后还要上河北一趟,倒不如自己送上门来方便些。"李世民一听哈哈大笑,觉得窦建德倒是挺痛快的。

大军押着窦建德及窦军俘虏浩浩荡荡地回到洛阳城外。王世充一看,知道大势已去,就穿着白衣,带着家属和3000多名兵将出城投降。

这一场战役从唐武德三年(620年)七月一直打到武

德四年(621年)五月,唐军将河南、河北收入版图,从此黄河流域归唐管辖。

黄河流域一统一,唐室的基业就稳固了。李世民望着这群和他出生入死患难与共的部下,心中暗想回去后一定请父皇给他们加官晋爵。

六月初,身披黄金甲的秦王李世民和一个个威武雄壮的将士到了长安城外,李世民吩咐将士们把收缴来的装有金银珠宝的箱子打开。

在阳光的照耀下,一车车、一箱箱珠宝财物放射出耀眼的光芒,车后还押着王世充、窦建德这两名俘虏,官道两旁出城迎接的百姓大声欢呼,情绪激昂地敲打凯旋的鼓声。

凯旋的军队先到太庙祭祀祖先,然后将俘虏和财物献给唐高祖。唐高祖欣慰地看着自己益发威武俊朗的二儿子,由衷地称赞了一番。

李世民呈给唐高祖一本簿子,告诉父亲里面都是平王世充、窦建德大军立功的人名,请求唐高祖论功行赏,唐高祖立刻答应了。于是,唐高祖加封秦王为天策上将,李勣为英国公,秦叔宝封护国公,罗成封越国公,程咬金、尉迟敬德封总管……个个有赏,人人加官晋爵,秦王府中的部将都高兴得不得了,一年来东征西讨、驰骋疆场的辛劳,都被胜利的喜悦冲淡了。

唐太宗传

　　李世民不愧为一流的统帅,他一举平定王世充、窦建德大军,统一了中原地区,为唐朝的基业打下坚实的基础。在战争中,他为唐朝招揽了众多军事人才,对唐朝的深远发展极为有利。自此,在中原地区几乎没有可以作乱的势力了。

捕漏网之鱼定河北

武德四年(621年),李世民大败窦建德军回京师后,窦建德的旧部刘黑闼占据了河北的一些地方,自称为汉东王。

刘黑闼与窦建德原是同乡,刘黑闼家境很贫寒,窦建德时常资助他。窦建德在河北称王后,刘黑闼来到窦建德军中,窦建德任命他为将军,封汉东郡公。刘黑闼打了不少胜仗,有神勇之称。夏国被李世民消灭后,刘黑闼先是回到乡下种田,后被窦建德的旧部推举为王。于是,李世民再度率大军去平定刘黑闼。

刘黑闼与军师们正在研讨击破唐军的方法,他们想使用前后夹击的战略。

傍晚,唐军的先锋部队在李勣的率领下,在临洺扎营准备休息。

长途跋涉了一整天的大批人马,纷纷将身上的甲胄、战袍脱下,打着赤膊忙着挖洞生火、煮饭、扎营,预备饱餐一顿,好好休息一下。

"冲啊!"晴天霹雳般传来一声呐喊,紧接着几百名穿戴整齐的骑兵,拿着弓箭冲了过去。

唐军根本来不及准备,一个个丢了手上的东西拔腿就逃,混乱中有的人冲进了火堆,有的人掉进土坑,一时只见乱飞的弓箭,惨叫不绝。

李世民在后面得到消息,立刻带领主力军赶去援救。士气旺盛的士兵喊着震天的口号迅猛地冲上去,不一会儿就将刘黑闼的突袭部队歼灭。

这时自以为计谋得逞的刘黑闼从一山凹处带着大军走了出来,得意地大笑,"这叫以其人之道还治其人之身,现在你是无路可逃了!"

情况十分危急,唐军已经赶了整整一天的路,而且刚刚经过一场激烈的战争;对方的军队却一直处在备战的状态,精力旺盛,现在正四面八方层层包围过来。李世民经历了无数的危险,还从未碰到像今天这种完全被动的场面。

忽然,一匹快马直冲到刘黑闼面前,劈头就是一鞭,幸亏刘黑闼闪得快,否则这一鞭非毙命不可。他一勒马缰转身逃入军队中,另一匹马紧跟着追了过去,骑在马上挥鞭的正是尉迟敬德。

这样一来,刘黑闼的军队乱成一团,又要抵挡尉迟敬德猛烈的追击,以免他们的主帅受伤,又要继续围杀李世民,不肯轻易放弃这个击败唐军的机会。可是,就是这么一个小小的骚动,局势完全改变了。李世民一挥手,部将们立刻冲出重围,秦叔宝、罗成跟在李世民身旁,用他们精湛的武艺保护秦王,杀退了无数的敌兵。

"撤!"刘黑闼一看情势十分不利,便急忙下令退兵。李世民因部将疲惫,所以没有再去追赶。

当晚,在唐军主帅营中,李世民拉着尉迟敬德的手说:"敬德啊!我这条命可多亏你才捡得回来啊,你的猛勇真是令人佩服!"

"秦王,您一向诚心诚意对待我们,对您这种知遇的恩德,我们真是不知该如何报答呢!"尉迟敬德跪下来诚挚地说。

"还有你们,叔宝、罗成、咬金,若不是你们,今天我们极可能吃败仗的,"看着这几位猛将,李世民感慨地说,"何必要有众多的人马,你们每个人都可抵万名大军啊!"

刘黑闼刚出战就惨遭失败,心中十分慌张,带着部队直往前逃,就是不敢停下来再和唐军交战。因为,他的大军团团将唐军包围,占绝大优势,眼看就能将他们全军歼灭的时候,谁料几名虎将能使局势完全改观,这种军队的威力实在是太惊人了!还有谁敢再和他们交锋呢?刘黑闼的部下纷纷劝他再次出战,说不能再往后退了。刘黑闼心有余悸,无奈地答应再次应战。

清晨,薄雾仍在这片广大的草原弥漫,双方的大队军马却都已排好了阵势。

"谁愿意去打头阵?"话音还未落,就看见一道黄色的影子闪进了刘黑闼军中。

刘黑闼和部将吓得发出惊喊,个个面无人色,因为他们前锋将领的头颅,在这电光石火的一刹那居然不见了。

"让你们瞧瞧俺秦叔宝的本事!"秦叔宝拎着敌军将领的头颅大吼。

"秦叔宝,他就是能在万军之中,轻而易举斩取敌将脑袋的秦叔宝!"刘黑闼的部将,被秦叔宝这一招吓得腿都软了。这时,李世民一挥手,大军便冲了过去,刘黑闼哪里敢再逗留,骑着马带着几名部将就朝北方逃去。他的部下看见主帅逃走了,当然无心再战,东冲西撞不一会儿就被唐军全部收拾了,河北一带再度回到唐室手中。

谁料刘黑闼仍不死心,跑到突厥那里讨了救兵,又再度南下。

这时在太子府中,魏徵对太子李建成说:"你身为东宫太子,却一点儿功劳都没有,反过来看秦王,不但平定了河南、河北,手上又有那么多精悍的猛将,天下的人都十分敬佩他。你再不做出点儿成绩,不要说日后秦王不服你,即使是天下百姓也不会诚心敬服你的。我觉得这个刘黑闼根本成不了气候,你赶快趁这个机会领兵去攻打,一来可建些功劳,二来也可得到一些英雄人物,充实你的力量啊!"

第二章 | 战功赫赫的青年秦王

太子李建成一听果然有理,就赶在李世民之前,自动向唐高祖领兵前去攻打刘黑闼。

刘黑闼南下后先占据昌乐城,关紧城门全力整顿军队,不管太子李建成派人如何挑衅,他就是守城不出。魏徵给李建成出了个主意,让他派人把刘黑闼的粮道截了,他们只管带着军队坐在城外看刘黑闼能坚持多久。

果然,两军僵持了将近半年,城中的米仓中连一粒米都没有了,刘黑闼无计可施,只好带着军队出城潜逃。

太子李建成立刻带兵追赶,刘黑闼的部下一看情势危急,立刻倒戈,捆住刘黑闼来降。太子李建成就这样捡来了一场战功,得意扬扬地回京师,自此以后河北才算完全归入唐朝的掌握。

不败将军李靖收复江南

当李世民率着大军平定王世充、窦建德,收复河南河北的时候,唐朝的另一路大军往南开拔,准备收复长江流域。南伐大军的将领就是战争史上少见的不败将军——李靖。

李靖出生于官宦之家,他的祖父李崇义任殷州刺史,封永康公;他的父亲李诠在隋朝时官至赵郡太守。李靖长得仪表魁伟,由于受家庭的熏陶从小就精通兵法,有"文武才略",也很有大志。

大业末年,李靖发现李渊父子在太原起兵准备造反,就想到江都去告知隋炀帝。谁知才到长安,就因道路阻塞没能去成,被攻占长安的李渊抓获。

李渊本来想把他拉出去杀了,但满腹经纶、壮志未酬的李靖大声疾呼:"你起义是为天下除暴乱,还没能成就大事业,就因为私怨把我这样的有志之士杀了吗?"李渊很欣赏他的言谈举动,李世民也赞赏他的才识和胆气,因此就把他放了。不久,李世民把他招入幕府,升做三卫。

第二章 战功赫赫的青年秦王

武德元年(618年)五月,李渊建唐称帝,李世民被封为秦王。为了平定割据势力,李靖随秦王东进,消灭了在洛阳称帝的王世充的军队,因功被升为开府。从此,李靖开始在军事上崭露头角。

当平定王世充的战争开始没多久,盘踞在江陵(今属湖北)的后梁萧铣派大军坐船沿长江北上,企图攻取唐朝的峡州(今湖北宜昌)及巴蜀等地。

萧铣是南朝梁武帝萧衍的后代,趁隋朝末年天下大乱的时候复国。到唐朝初年时,东至九江,西到三峡,南抵交趾,北达汉川,都已纳入梁的版图,而且梁拥有40万大军,定都江陵(今湖北江陵),国势十分强大。

为了消灭后梁萧铣的军队,唐高祖李渊调派李靖率兵到夔州(今重庆奉节)与萧军作战。在路过金州(今陕西安康)时,李靖为庐江王李瑗出谋划策,取得大胜。

原来李瑗数次与南方小部落首领邓世洛作战,一直没有取得胜利。李靖率兵到夔州后,开州一部落首领冉肇则率兵进犯夔州。

李靖带着800名士兵偷袭他们驻扎的营地,大败冉肇则大军。而后不仅杀死了冉肇则,还俘虏敌军5000多人。当捷报传到京师时,唐高祖彻底改变了对李靖的看法,大大赞扬了他的军事才能,并升任李靖为行军总管兼行军长史。

李靖开始大力造军舰,训练士兵练习水战,做好南伐的准备。由于四川等地刚归附唐朝不久,各部族还不太稳定,为了解除南伐后顾之忧,李靖提议把各部族贵族首领都召到夔州,根据他们的才能分别授以官职,这样也有利于控制他们。

九月,唐高祖把大军兵分四路:命李靖率兵从夔州顺流东进,命庐江王李瑗为北路军,命黔州刺史田世康为南路军,命黄州总管周法明为东路军。四路大军分头并进,一齐杀向江陵。

当时正是雨季,长江水暴涨,流经三峡的滔滔江水咆哮着狂奔而下,响声震撼着峡谷。李靖带领的士兵们望着滚滚而流的长江水都心生畏惧,劝李靖等洪水退了之后再进攻。

萧铣和部下也认为水势汹涌,三峡路险难行,唐军必定不敢东下,所以根本就不加防备。

有着超人的胆识和谋略的李靖却不这样认为,他对部下说:"'兵贵神速,机不可失',敌方一定也认为唐军不敢这个时候进攻,防备必然减弱,是作战的大好时机。"他力排众议,率领 2000 多艘战船,沿着三峡,冲过惊涛骇浪向萧铣的大军攻去。

果然不出李靖所料,萧铣的军队毫无防备,唐军占领了荆门、宜都。李靖避其兵锋,挫其锐气,一战可擒的战术是很正确的。这时萧铣立刻派大将文士弘带领数万名精锐的士兵前来抵抗,唐军主帅李孝恭因连战皆捷,心中不免有轻敌之意,便主张马上冲杀过去决一死战。

李靖赶忙劝阻说:"千万不要轻举妄动,要知道长江流域物产丰饶,江陵城中将士、粮食都很充足,我们远来没有根据地,不宜和他们硬拼。而且文士弘是梁朝著名的大将,我们大军已杀到梁朝京师外,他能不奋勇抵抗吗?所以,你千万不要轻举妄动,先把营地稳固了,再来和萧军一决生死。"

不把敌军放在眼里的李孝恭没有听从李靖的劝告,命李靖留守军营,自己率兵出战。这一战唐军果然大败,文士弘的部将反冲入唐营,大肆掠夺唐军的战资、财物,个个兴高采烈,乱成一团。

这时李靖悄悄把败逃的唐军部将集合起来,预备再度反击。当李靖看到文士弘的军队个个大包小包,扛背着一大堆战利品时,指挥聚集起来的部队迅速反攻。

这一下局势完全改变了。刚才得意万分的胜利军惊慌失措,面对这支勇猛强劲的反攻军队,哪还敢战,个个拔腿朝江边的战船奔去。

唐军加紧追击,只见水花四溅,惨叫声连绵不绝。没过多久,江上浮起近万具尸体,有被斩首的,有被溺死的,血水将清澈的江水染红了一大片。

唐太宗传

这一战唐军获得敌舰400多艘,附近几个州县的长官也开城投降。李靖见后顾无忧,才率着5000精兵,乘胜向江陵进攻,不但迅速打败了屯驻在江陵附近的梁军,而且很快在江陵城外扎营围城。

萧铣从没遇过这么大的阵势,一看江陵被围,连忙派人到岭南求援,并立刻命令大队战船攻打唐军。唐军虽是来自北方,但这一两年来,在长江流域遭遇过无数场水战,个个经验丰富,攻略得法。

当梁朝的战舰开到江边时,唐军立刻埋伏在设防的垒包后面,等梁军下水预备抢滩的时候,便搭上弓弦,一待令下,千万支飞箭便射向江边,受伤倒地或死亡的梁军不计其数,唐军片刻就解决了敌军大半人马。这时,另一批唐朝精兵带刀冲向滩上,和剩余的梁军进行肉搏战。

战胜后,唐营中的部将们为如何处理战利品起了争执。因为李靖主张将敌军的战舰丢弃在江中。

"我们既然战胜了,就应该把这些船只留下来自己使用,为什么要丢弃呢?"李孝恭生气地问。

"难道你只想赢这一场仗吗?"李靖严肃地说,"萧铣绝不会因这一场仗就来投降的,他现在还在等待援军赶来救援。现在,我们若把战舰丢弃在江中,援军会以为江陵城已经被攻破了,一定不敢直接进城。当他们在城外犹豫不定的时候,我们就能有足够的时间来攻破江陵城了。"

果然不出李靖所料,援军看到满江被弃的战舰,都不敢再往前走。当天萧铣就带领全朝军臣到唐营投降,并请求唐军不要骚扰城中的百姓。

唐军进城后,有些将领仍想抢夺城中的财物。李靖立刻对李孝恭说:"绝对不能让百姓受到骚扰,否则,等我们去收复长江以南时,那里的人民一听到我们如此苛虐,一定会全力抵抗。我们现在不但不能扰民,还要善待梁朝的君臣,这样才会使投降的人诚心归服,还没投降的人闻风来降。"

李孝恭一听深觉有理,于是严令部将不准扰民。梁朝虽亡,城中的百姓却丝毫不受影响,仍旧和平日一样作息;城里热闹的景况,一点儿也没因唐军入城而稍减。长江以南的郡县看到江陵城安然无恙,便相继向唐军投降。

在10多天之内,唐军陆续接收了长江上游、岭南一带90多个郡县、数百万人口。唐高祖得到消息后十分高兴,立刻封李靖为岭南宣慰大使,检校桂州总督。

萧铣灭亡后,江淮一带只剩下辅公佑尚未归属于唐。他原是杜伏威的副将,当杜伏威到长安接受唐朝封爵的时候,他趁机造反了。

唐高祖一听,赶忙命令李孝恭领水军从江西九江出发,岭南宣慰大使李靖从广东、广西、福建等地发兵,徐世

勋从淮、泗出发，黄君汉从谯、亳出发，以李孝恭为统帅、李靖为副将，分路会击辅公佑。辅公佑立刻在当涂和青林山屯驻数万大军，还一路设防封锁长江孔道。

"抓贼擒王，先将辅公佑打散，还怕他那些部将不降吗？"当唐军听到辅公佑封锁长江孔道时，其他部将一致提议直接去攻打辅公佑本营。

"不可以，"李靖连忙阻止，"那岂不是中了敌人的计谋？我们一路直杀过去，人马船只必定有所损失。他既能在各处屯驻这么多军队，本营的人马一定更多更精锐，我们直接攻打，不就等于自投罗网吗？声东击西、各个击破才是上策。"这场艰苦的战役打了将近一个月，李靖的战略果然成功了，最后唐朝大军联合起来进逼丹阳城（辅公佑的本营所在地），当场将辅公佑斩首正法。

从此黄河流域、长江流域、岭南一带都纳入了唐的版图，除了几个零星的小股势力外，天下大致完成了统一。

不费一兵智退东突厥

隋初,突厥分裂为东西两部,阿波可汗居住在都斤山(今新疆境内阿尔泰山)以西,称西突厥;沙钵略可汗居住在都斤山以东,称东突厥。

隋末,东突厥在始毕可汗的治理下,部族逐渐强盛。唐高祖在初建唐朝时,向东突厥借过兵。唐朝建立后,突厥自以为有功,常常挥兵南下侵略唐朝边境。

当唐朝平定天下的消息传到东突厥后,首领颉利可汗既感不安也很不高兴。他担心唐军接下来就要对突厥发兵了,于是决定趁唐朝根基还没稳固之前先去攻打,免得日后成为祸患。颉利可汗是个有军事才干的首领,他果断、机智,有很强的军事能力,不可小觑。

武德七年(624年)七月,颉利可汗的大队人马出现在关外,长安城内乱成一团。

"陛下,不得了啦,突厥派大军前来攻打长安,已经在关外扎营备战了。"大臣慌张地对唐高祖说。颉利可汗已经把率领的数十万将士排好阵势,突厥士兵们个个高大剽悍,士气昂扬。关外到处飘扬着突厥的军旗。

几十年来,中原的王朝没有一个敢小看边境这个强大的国家，都尽力与突厥结交。隋朝就曾将公主下嫁给始毕可汗。许多自立为王的人都从突厥借过兵，李家军初建的时候也请求过突厥的援助。因此，即便现在统一成大国的唐朝还是不敢轻敌。

"这该怎么办呢？"唐高祖惴惴不安，"我们哪里是突厥的对手，更何况是颉利亲自率兵来攻打呢！"

"可不是嘛，干脆派人去求和好了。"

"不，我们立刻迁都，来个空城计。颉利入关一看什么都没有，一定扫兴而归。而且，我想他不敢深入中原本土，一来恐怕会水土不服，二来补给不充足。"满朝臣子惶恐失措，交头接耳之后，提出这个极可笑的计策。

"嗯，迁都倒是个好主意，"唐高祖无计可施，一听到这个建议大为高兴，"那我就不必和突厥大军会面了。快去研究一下哪个地方适合当都城，我们立即迁都，让颉利尝尝闯空门的滋味。"

"陛下，逃避只会让突厥变本加厉，这样是行不通的。"朝中另一派有远见的大臣连忙劝阻。

"不必多言，"唐高祖果断地挥着手，"我决定迁都，谁也不许反对。"

李世民坚定地走上前去说："父王，请您答应儿臣的请求，给儿臣两三年的时间，我一定将颉利俘虏。如果到时还不能成功，再迁都也不迟。"

"现在敌人已追到关门了,你还想要两三年的时间,开什么玩笑?"唐高祖十分生气。

李建成一看机不可失,立刻凑上前说:"火都烧到眉睫了,还提出那种莫名其妙的请求,大家都不反对迁都,就你一个人逞强,我看你是别有用心!"

"大哥,你怎么能这么说呢?"李世民忧心忡忡地说,"我这是为国家着想啊,父王。我认为颉利这一次入侵,只不过是要试探试探我们,并无意歼灭我们。我们不战而逃一定会助长突厥的嚣张气焰,以后就更无法抵抗了啊!何况当初霍去病只是汉朝的一个臣子,都有歼灭匈奴的大志,难道我这个唐朝的宗室反而不如汉朝的臣子吗?"李世民越说越激动。唐高祖看着李世民的神情,沉吟不语。

"近几代君王都对突厥称臣,未免灭尽汉人的威风。"李世民更激动地说,"我们好不容易统一了天下,再怎么说也是个大国家,怎可因目前无法打败他们就迁都呢?当日的耻辱还没有洗雪,怎可再次受辱呢?"

唐高祖迁都的决心开始动摇了,他觉得李世民说得很有道理。当时称臣是为了起兵,那是无可奈何,但是今天已握有比突厥更广阔的疆域,难道一听到敌人来攻就不战而逃了吗?

唐高祖终于同意了李世民的提议,命李世民和李元

吉带兵抵抗突厥的进攻。

李世民和李元吉率领士兵连夜兼程,几天以后在豳州(今陕西彬市)和突厥大军相遇。一万多名突厥骑兵突然冲到城西,还没有开战就把唐军吓得面无人色,将领李元吉惊惧不已,不敢出城作战。这时李世民率着百余人去到突厥军阵前。

"你来此的目的是?"颉利可汗望着李世民背后百来名部将狐疑地问。

"当初我们起义的时候,承蒙你的兄长始毕可汗发兵相助,这份恩情我朝一直铭记在心,这回我听到你要入关的消息,特地赶来迎接,顺便向你们表示诚挚的谢意。"李世民客气地对颉利说,说完向颉利旁边的另一将领说,"你就是始毕可汗的公子突利吧?"

"是的。"突利一脸狐疑不解。

李世民一听,立刻握住他的手说:"你的父亲真是个英雄人物啊!我们都很佩服他。当初他给了我们很大的帮助,真遗憾不能在他生前见他一面,不过今日能见到你,可以了却心愿了。"

突利见李世民如此热诚,也亲热地拍拍他的肩膀,以钦佩的口吻说:"你的战绩也传到我们关外,你真是个英雄人物啊!"

颉利在一旁见他们两人亲密交谈起来,眉头不禁紧紧地皱了起来。原来依据胡人的传统,势力强大的人才能做可汗。颉利是始毕可汗的弟弟,始毕可汗去世后,他以强大的军力夺得了可汗的大位。不过他的侄子突利近几年开始筹划部署,似乎有逼夺大位的企图,所以叔侄两人表面上虽是合为一气,私底下却是时常钩心斗角。现在他看到李世民对突利表示友善,就暗自紧张起来。

"难得今天在此相见,又谈得这么投契,我看我们就在这儿结拜为异姓兄弟吧。"李世民高兴地提出结拜的意见。

"好,就请叔父做见证人吧。"突利说完就和李世民跪地相互拜了八拜。

颉利愣了半晌,等他二人交拜完毕,才怒气冲冲地说:"你真糊涂,难道你忘了我们这趟来的目的吗?"

"颉利,你别用这种口气对我兄弟说话,他现在可是我李世民的八拜之交。"李世民以挑衅的口吻警告颉利可汗。

"你别太得意,你知道我这回动兵的目的吗?"颉利瞪着李世民大吼。

"我当然明白,不过冤仇宜解不宜结,既然我和突利已成了兄弟,那又何必再动干戈呢?我想我们就在这儿立下互不侵犯的盟约如何?"

"盟约?谁要和你订盟约!"颉利更加不可一世。

"对啊,立下盟约,我们两国就是兄弟之邦,彼此互相扶持,互不侵犯,那不是很好吗?"突利和颜悦色地向颉利解释。

"是啊,战争总会有伤亡,对哪一方来说都是损失,你说是不是?我们唐朝版图辽阔,打起来对你们来说是件吃力不讨好的事。"李世民也在一旁劝说着。

颉利看看他们二人,考虑了半天。他担心突利已经暗中和李世民结盟,就答应往后退兵,但没有签订盟约。

当时连日阴雨,突厥兵弓箭因受潮不能使用,唐军夜间偷袭,冒雨进兵,突厥兵乱作一团。颉利可汗准备与唐军交战,突利坚决反对。颉利无奈,只好与李世民签订盟约。签订盟约后,李世民赠送了许多财物给颉利和突利,让他们兴高采烈地退回塞外。

李世民就这样不费一兵一将,凭着个人的机智和勇气,轻而易举地化解了这一场虚惊,还在颉利和突利之间埋下了相互猜忌的重大隐患。

第三章 开创大唐盛世

玄武门之变

历史上的帝王家为了争夺帝位,发生过不少父子、兄弟相互残杀的悲剧。这一悲剧在李氏唐朝依旧未能幸免,这就是武德九年(626年)玄武门之变。它既是一场极为惨烈的政变,又是一场酝酿许久终于爆发的兄弟相残的惨剧。

自古以来,帝王传位的规定是以嫡长子作为继承人,李世民的大哥李建成理所当然地被立为太子。随着李世民愈来愈多的显赫战功,以及唐高祖常在朝臣面前对他百般称赞,使得没有多少建树的太子李建成深感不安。李建成资质平平,手下没有多少人才;弟弟李世民不仅才智过人、骁勇善战,还使得天下的英雄都钦佩他,许多有才能的志士都主动投效到秦王府中。再加上他立下许多战功,收复了众多州郡,他渐渐成了大哥李建成的心头刺,李建成不但寝食难安,还迫切地想要拔出这根刺。

李建成与四弟李元吉关系最为亲密,李元吉看到大哥愁眉紧锁,就向李建成询问原因。李建成把心中的顾虑告诉了李元吉。李元吉本来就看不惯二哥李世民立下赫赫战功,不仅不认为自己无能、贪生怕死,反倒一心觉得李世民好出风头。现在连和自己关系最好的大哥都要担心被废去太子之位,他不禁怒火中烧,忙向大哥表示愿意全力支持。

李建成见四下无人便轻声告诉弟弟李元吉,自己府中的魏徵曾劝他早点儿除去李世民。李元吉听后深表同意,并给李建成出了个主意。他们先是去讨好唐高祖宠爱的嫔妃,让她们在唐高祖耳边搬弄一些话语,使唐高祖不再信任李世民。然后又设计了一个个陷阱,就等着李世民来入网了。

太子李建成以慰劳李世民为由,在自己的府中邀请家族里的年轻藩王们,共同设宴庆功。席上,太子与齐王李元吉一杯又一杯地敬李世民,李世民因为兄弟很久没在一起把盏谈笑,很是高兴,不自觉多喝了两杯,回府的时候走路都摇摇晃晃了。

回到府中后,李世民忽然觉得腹中一阵剧痛,忍不住抱着肚子滚到地下。部下尉迟敬德连忙给他找太医,并通知了李世民的妻兄长孙无忌、总管房玄龄。李世民在太医全力的诊治下总算转危为安。

"我看这里面大有文章。"房玄龄神色严肃,看来心情颇为凝重,"太子和齐王一向对秦王不友善,为何今天如此多礼,居然要设宴款待他呢?"

"你的意思是……"长孙无忌的话还没有问完,脸上就显出一副恍然大悟的模样。房玄龄会意地点点头。

"看来我们不能再忍气吞声了,去和秦王商量对策吧。"长孙无忌怒声说道。

"秦王,我想您心里一定明白这是怎么回事。"玄龄激动地说,"再不动手,我看总有一天您的命会葬送在他们手中,再说现在情势如此危急,不必再顾虑小节了,您忘了周公也曾大义灭亲,杀了管叔和蔡叔吗?"

李世民坚决地摇摇头说:"自古以来为名利灭了多少人性,他们可以无情,我却不可以无义啊!曹子建的诗很有道理,'本是同根生,相煎何太急'。"

"秦王,您不是在害人,是有人要害您啊!"部下纷纷劝道。

"那我就防着他们一点儿,不让他们的计谋得逞就可以了。"李世民仍旧不肯答应。

这时,唐高祖已得到消息,亲自从宫中赶来探视,他一看情形,心中也已明白七八分。唐高祖一边叹息一边劝慰儿子,希望他能原谅李建成和李元吉,不要和兄弟们反目。李世民答应了。

"听说父王已经知道事情真相了。"李建成紧张地拉着李元吉说。

"怕什么!"李元吉一副有恃无恐的模样,"老二假仁假义,一定不会找我们报复,父王他怎可能杀害自己的亲生骨肉呢?一不做二不休,现在我们赶紧把东西送到后宫去,请那些嫔妃为我们美言几句,再设计清除老二的党羽。"李建成与李元吉一拍即合。

商议之后,兄弟两人分头行事。唐高祖在后宫嫔妃的谗言下,认为秦王府中善于谋策的人过多,为避免他们煽动秦王造反,就命李世民将他们驱逐出府。首当其冲的就是房玄龄、杜如晦。房、杜二人被驱逐出府,李世民心中十分郁闷。尉迟敬德又告诉秦王,刚才太子派人送了份大礼给他,但他拒绝了。

因为秦王府中的部将不为所动,太子李建成、齐王李元吉怒火中烧。恰巧在这个时候突厥来犯,太子李建成就向唐高祖推荐齐王李元吉出征迎战,又借口说领兵将士不足,要调秦王李世民手下的大将尉迟恭、秦叔宝等一起出征,还要求把秦王府的兵马都划归李元吉部下。

唐高祖同意后,太子、齐王就向秦王府中散布消息说要把府中大将都杀掉。秦王府的将领们一听到这个消息,立刻向秦王劝道:"这都要对我们赶尽杀绝了,我们再也无法忍受了,就此起兵吧。"李世民点了点头。

李世民先到宫中向唐高祖告发了太子和齐王的阴谋,唐高祖决定次日询问二人。第二天一早,太子李建成得到阴谋败露的消息后，决定立刻入宫逼唐高祖让位。太子李建成和齐王李元吉会合后，放心地由玄武门进入宫中，因为玄武门的守卫是太子自己的人。

殊不知，守卫总领常何已经投到秦王门下，这时李世民亲自带100多人埋伏在玄武门内。太子李建成和齐王李元吉走近临湖殿，忽然发觉情况不对，急忙拨马往回跑，可是已经来不及了，李世民已经带着伏兵从后面喊杀过来。李元吉情急之下向李世民连射三箭，但一箭都没有射中。

李世民一箭射死了太子李建成，同时尉迟敬德射死了李元吉。东宫的部将得到消息前来营救，和李世民的部队在玄武门外发生激烈战斗。尉迟敬德将太子和齐王的头割下示众后，李建成的兵马才不得不退去。

叛乱结束后，李世民痛哭着跪见唐高祖，将事情经过上奏。李世民被立为皇太子。唐高祖经过这一场惊吓，再加上丧子的悲痛，身体、精神日渐衰弱，两个月后宣布退位，由皇太子李世民继位执政，是为唐太宗。

公元626年，唐太宗改年号为贞观。

定盟约再退突厥大军

没过多久,玄武门之变的消息就传到了塞北突厥那里。听到这个消息后,突厥二可汗颉利、突利非常高兴,他们商量了一下,觉得趁着唐朝内乱杀向长安,是消灭唐朝的绝好机会,而且这个时候李世民是不会有空来对付突厥军的,突厥可以说是少了一大劲敌。他们立刻发动数十万雄兵以迅雷不及掩耳之势,飞快地攻下了灵州(今宁夏灵武)、凉州(今甘肃武威)、会州(今甘肃会宁)、原州(今甘肃固原)。

突厥攻到泾州(今甘肃泾川)之时,受到泾州总兵尉迟敬德的强烈反击,突厥军被杀千余人,突厥军将领也被俘虏了。虽然尉迟敬德在泾阳之役中取得了胜利,但是无法遏制突厥兵的前进步伐。颉利可汗率领主力驻扎在渭水,把突厥20万雄兵列阵于渭水北岸,长达数十公里。安顿完军队后,颉利可汗派亲信执失思力进长安打探消息。

"启禀陛下,我们颉利可汗及突利可汗带领的百万雄师,现在已经来到长安城外,等着见陛下您啦。"耀武扬威的执失思力不可一世地向唐太宗说道。

"哼!"唐太宗声色俱厉地说,"如此不讲信用的人,还能称他们为可汗吗?记得当初我们两国明明立下了互不侵犯的盟约,现在你们却背弃盟约跑到我的城下来耍什么威风!"

执失思力傲慢地抬起头,斜睨着唐太宗,说道:"这叫此一时彼一时啊!谁叫你们现在自身难保呢?"

"好大的胆子!"唐太宗站起身大吼,"既然你的国君不讲信用在先,我自然不必对你客气,来人啊,把他拖出去斩了。"

执失思力一看唐太宗真的动怒了,神色立即转变,谦卑地跪地哀声喊道:"陛下饶命,陛下饶命!"

"陛下,两国相攻不斩来使,杀了他不太好吧?"

"对啊!这么做恐怕有损国家的声誉,陛下请三思而行啊!"全朝的大臣都上前劝说。

唐太宗根本没想杀他,只不过是想借此挫挫突厥的锐气,听大臣们如此说,便顺水推舟做个人情。

"好吧,既然你们都求情了,看在你们的份上暂时不杀他,把他押到后面去,我倒要亲自去见识见识你们的百万大军。"

唐太宗立即把长孙无忌等谋臣叫到书房商量对策,他决定用疑兵之计来对付突厥大军。唐太宗命李靖、长孙无忌到豳州设埋伏,又让京师中的部队火速到玄武门集合。将一切事务交代妥当后,就带着大臣高士廉、房玄龄、萧瑀、周范等人来到渭水河畔。

"叫颉利可汗出来,我们陛下要和他说话!"隔着河水,唐太宗的部将向对岸喊着。

"陛下,这样太冒险了,您还是回宫里去吧,这里交给我们来处理。"萧瑀脸色铁青着对李世民劝道。

"绝对不可以,这次颉利敢带兵直接攻到京师,就是认为我们刚发生内乱,无力应战。我若不出面,就更助长了他的威势与信心,所以,我非亲自出面相迎不可,这样才有可能阻止战争的爆发。"唐太宗果断地回答。

颉利可汗骑着骏马带着大军,小心翼翼地走到岸边。这时玄武门内的士兵也集合完毕,列队来到渭水边,在唐太宗等人后面排出阵势。颉利勒马停住,抬眼一看,首先看到长安城内巍峨的宫殿,再看到由玄武门直奔渭水边的军队,士兵们个个训练有素,队伍威严整齐,颉利的心缓缓下沉。

"颉利,你为什么不遵守盟约,不守信用呢?趁我们危难时前来加害,难道你们习惯乘人之危吗?"身穿黄袍、头戴金冠、气度非凡的唐太宗义正词严地责问,"我们唐朝从建立到统一天下,一直都是以礼义对待贵国,金银玉帛等财物也没少给你们,为何你今天要毁约,破坏两国的友好邦交呢?"这一番话问得颉利哑口无言。

突厥的士兵从来没见过如此勇敢的领袖,只率领几百人马,就敢面对数十万大军,不但毫不惧怕,而且声音铿锵,全身上下仿佛有一股令人慑服的力量。士兵们都低下头,刚才嚣张的气焰消失得无影无踪。

颉利可汗支支吾吾地说:"这一切都是误会,我是听说贵国发生了重大事变,赶忙带兵前来协助的,请陛下明察。"说完下马跪在地上。

"陛下,现在正是攻打他们的好时机。"周范在一旁低声说。

李世民摇摇头,和气地说:"原来是误会啊!既然你千里迢迢地带大军到达京师,那我们就好好地谈一谈吧。"

颉利可汗赶紧向唐太宗求和,唐太宗很高兴地答应了。第二天,两军在渭水桥上斩白马立下新的盟约,唐太宗还赏赐许多金银给突厥军队,让他们高高兴兴地班师回塞北。

"陛下,您怎么有把握能以三言两语化解这一场争战呢?"颉利退走后,朝臣们都好奇地问。

"这就是心理战啊!"唐太宗满脸自信地说,"他派兵前来只是探探虚实,如果我不敢迎战,就表示京师的兵力不足,我们心里有所畏惧,那对方就有把握可以打败我。一旦我做出早有准备的模样,自然就灭了他的威风。再说,他们深入我国内部,原本想利用我们动乱的情势来趁火打劫,没想到我们内部十分安定,这已经出乎他们的意料,我再这么一吓唬,他的军心能不溃散吗?"

"陛下,您不是在豳州设防了吗?为什么不趁他们退守时攻打呢?"

"时机尚未成熟,"唐太宗慎重地说,"我刚即位,国家刚统一,百姓的生活还很困苦,国库不足,现在安定国家、发展生产才是当务之急。如果立即对突厥发动战争,对我们一点儿好处都没有,但是这个耻辱总有一天会讨回来的。"

大力革新创盛世

唐太宗登基初,由于连年战乱及隋炀帝的昏庸奢靡,国库空虚,百姓生活艰难,国力十分虚弱。唐太宗决定对全国的政治、经济、文化各方面来一个大力革新。他不仅对领兵作战很有才能,还对文学十分喜爱且颇有造诣。当初在秦王府中设立文学馆,招揽许多读书人在馆中工作,这些人除了和李世民一同切磋学问外,更是他施政、问计的参谋。即位以后,唐太宗将文学馆扩充为弘文馆,聘请专人把馆中收藏的20万卷图书,以经、史、子、集为别,依甲、乙、丙、丁、戊归类整理成四部。

唐太宗少年时就认识到人才的作用,他强调"为政之要,惟在得人,用非其才,必难致治。今所任用,必须以德行、学识为本"。他不仅任人唯贤,而且知人善用。登基初期,他大力提拔早年追随他的秦府幕僚房玄龄、杜如晦、长孙无忌等。

唐太宗任用的文武百官中既有出身寒微的程咬金、秦叔宝、尉迟敬德等,也有出身贵族的李靖等,还有出身少数民族的阿史那社尔等;既有征战中招降的将领岑文本、戴胄、张玄素等,还有大哥李建成的旧部魏徵、韦挺

等。唐太宗对他们不讲门户，不分亲疏，不避仇嫌，不论前后，唯才是用，都委以重任。

唐太宗对每个臣子的长处和弱点都了如指掌，在给他们的职位和与他们商量政事时都能扬长避短、各尽其才。如对房玄龄、杜如晦的任用，唐太宗让他们互相参照互补己短。

为了选拔人才，唐太宗还建立了一套比较完整的科举制度，把选拔人才的权力从地方集中到中央，以广罗人才，扩大统治基础。他还规定，凡是县令都要五品以上的中央官吏保举，各州刺史则由皇帝亲自选拔任命。这样，就为唐朝的发展打下了坚固的人才基础，也正是这些人为唐朝即将到来的盛世做出了巨大的贡献。

唐太宗经常说的一句话是："水能载舟，亦能覆舟。"唐朝就是在农民起义的过程中建立起来的，唐太宗在早先连年作战中充分认识到农民的力量，认识到民强则国强。他下令轻徭薄赋，让百姓休养生息。还采取一系列厉行节约的措施，如不让地方进贡珍贵异品，限制营造宫殿，规定葬制一律从简，如有违反必当处罚。唐太宗对自己制定的要求都身先力行。他患有气疾，不适合居住在潮湿的旧宫殿，大臣多次劝说他修缮或另建宫殿，他都没有听从。唐太宗还下令合并州县，革除"民少吏多"的弊利，减轻人民负担。在他的影响下，许多重臣都崇尚俭约的生活和简肃的作风。

唐太宗在民生、经济方面施行租庸调法。这个制度的主要精神就是"耕者有其田"。凡是唐朝年满18岁的壮丁,都可由国家配给口分田80亩,永业田20亩;老年人(60岁以上)或残障的人,则可分到口分、永业田各20亩;寡妇和侍妾可领到口分和永业共30亩。口分田在耕者死亡后必须归还给国家,永业田则可自由买卖。口分田依规定要种粮食,永业田则依土质分别种果树、桑树、榆树等。国家每年从口分田中抽取二石粟的税,这个税便叫租,此种税占田地的1/40,比汉朝1/30的税都要轻得多。农民占有一定土地,赋役负担减轻,有了安定的生产和生活环境,大量荒地被开垦出来,社会经济出现了繁荣景象。

唐太宗在国防方面也进行了重大改革。要使国防牢固,必须有充足的兵源,唐太宗把北周府兵制的模式稍加修改,创立了唐朝的府兵制。在全国设置许多个折冲府,上府1200人,中府1000人,下府800人,选拔家富而体强的人当兵,被选上者免除徭役。兵役的期限长达40年,从20岁开始到60岁为止。服役期间若无战争则安居田亩,只有在农闲时候才征召集合训练,当国家有事的时候,就派临时将领统率作战。战争结束后,兵士回到自己的家乡种田,将领则回朝廷报到。平时府兵还要轮番到

京师宿卫,这叫作"番上"。府兵制的优点是选民为兵,农人不必个个服役,训练既精,国家又不必给饷,而且可防止将帅拥兵自立专擅。这些制度不仅加强了国防,还对农忙没有损害,保障了百姓的生活。

除此之外,唐太宗还十分注重法治建设,在立法方面确定了力求宽简的原则。他特别强调,法律一旦制定之后,要力求稳定,不可"数变","不可轻出诏令"。唐太宗命长孙无忌、房玄龄等人重新修订了《武德律》,并于贞观十一年(637年)颁布了《贞观律》,还编制和删定大量令、格、式作为律的补充。在立法内容上务求宽平,并在一定程度上克服了隋末法律过于苛刻的弊病,这对减轻劳动人民遭受司法镇压的痛苦,有一定的积极作用,对后世的封建立法也有直接影响。

难能可贵的是,唐太宗深刻认识到只有兴仁义之政,力求恤刑慎杀,才能使老百姓渐知廉耻,官民奉法,盗贼日渐减少。他对于执法官吏的要求是一定要严格依法办事。能否依照律令断案,绝不是件小事,它关系到国家存亡的问题。

唐朝初期任用贤良,虚怀纳谏,实行轻徭薄赋、疏缓刑罚的改革,使得社会安定、生产发展,百姓生活富足,国力强盛起来。

明君的一面改过镜

李唐之所以能发展成最强盛的统治集团,与唐太宗"开直言之路",虚怀纳谏是分不开的。这就不得不提到有名的谏臣魏徵。魏徵在隋末战乱时,曾投瓦岗起义军,后入唐做太子李建成掌管图籍的洗马官。在太子李建成手下任职的时候,曾劝太子除去当时还是秦王的唐太宗。唐太宗即位后,不计前嫌,把魏徵先任命为谏议大夫,后升为左光禄大夫,封郑国公。

玄武门政变后,唐太宗李世民第一次见到太子府的谋臣魏徵时,不禁生气地问:"听说你曾经劝太子杀我,有这么一回事吗?你为什么要离间我们兄弟的感情呢?"

魏徵理直气壮地说:"情势如此怎能怪我!要是太子当初听我的话早点儿动手,怎会有今天的下场?"

"倒是个耿直不怕死的人!"李世民心中暗暗佩服,满腔的怒火慢慢地平息下来,看了他几眼后问道:"你是否愿意在我的新政府中做事?"

"只要是能使臣子成为良臣而非忠臣的明君,我想任何人都愿意为他效劳。"

李世民大惑不解地追问:"忠臣和良臣有何不同?什

么样的君主才符合你所说的明君?"

魏徵严肃地回答:

忠臣和良臣当然不一样,像稷、契、皋陶这些人就是良臣,而龙逄、比干这等人就是忠臣。良臣就是既能善佐君主,使国家兴盛,自身也能荣华富贵,传到子子孙孙;忠臣却不然,听起来似乎很崇高,实际上却往往以其愚忠,令君主做出极大的恶行,不仅使国家灭亡,自己也遭到诛杀,君臣两方面都没有好下场。至于君主也有明暗之分,所谓明君就是能广采博纳,多听多看,自然就不会被奸小所欺,所做的事就少有失误。如果只肯采信某些人的话,自己又不花工夫去求证,这个君主的施政能正确、公正吗?像尧、舜就是明君,他们对任何的建议都听取采纳,所以朝中虽有奸恶的人,都不能蒙蔽他们的耳目。至于秦二世、梁武帝、隋炀帝这些人都是糊涂的昏君,不仅断送了国家的前途,还留下了千古的恶名!

李世民一听果然有道理,就十分恭谨地对魏徵说:"但愿你能辅佐我,使我能成为一位明君,也使全朝文武都能成为良臣。"

魏徵果然不负期望,经常入宫和群臣研究政务。只要有失误,即使犯错的人是皇帝,他也毫不留情地加以制止。

有两件魏徵直谏唐太宗的故事非常典型。第一个就是鹞鹰之事。

邻国进贡了一只十分矫健机敏的鹞鹰,唐太宗一见就爱不释手,成天在内宫把玩。这天,唐太宗在御花园中散步,他把鹞鹰放在自己的手臂上想象着带这只鹰在草原上奔马狩猎的情景,嘴角不禁浮起了微笑,不停地轻抚着鹞鹰。

这时卫侍跑来通报:"魏徵,魏大人到。"

唐太宗转喜为惊,抓着鹞鹰不知该往哪里放,"天呐!千万不能让那倔老头看到,否则他又要骂我不务正事了!"越想越急,唐太宗干脆将鹰藏到衣服里。

其实魏徵早就看见了这一幕,他本就是为这件事进宫的,看皇上为此慌得手忙脚乱倒不觉好笑起来。

"有事吗?"李世民强装镇静地问。

"没什么事,"魏徵微微一笑,"听说皇上要修建东都的皇宫,张玄素进谏反对,有这一回事吗?"

"我只不过认为现在有许多外邦人士到我朝觐见,应该把京城修建得漂亮一点儿,倒没想到这要花费许多人力,是我欠缺思虑啊。"李世民一边回答,一边用手按住胸口,免得鹞鹰乱动。

接着魏徵又随便找了些事和唐太宗商谈起来,直到他觉得时间差不多了,便告辞回去。等他一走,唐太宗急忙将鹞鹰从衣服里拿出来,鹞鹰却早已窒息而死了。唐太宗无奈地叹了口气。

第二天早朝,唐太宗向魏徵感慨地说:"美好的玉都隐藏在石头里,如果没遇到良好的工匠发现并雕琢,这块石头就永远成不了玉;一旦遇到良匠,那这块石头就摇身一变成为稀世的珍宝。我虽然材质不佳,但你不时以仁义约束我,用道德督促我,使得我小有成就,我不是良材,你却是个良匠啊。"

还有一次是关于唐太宗打猎的事。唐太宗自少年起就东征西讨,所以对骑马射箭这些事十分爱好。当了皇帝以后,没机会在战场上奔驰,为了过过瘾,他便经常找机会出外狩猎。

有一回唐太宗出巡洛阳,途中碰到一群野猪在树林中奔跑,不禁十分兴奋,立刻拿箭射击。只见他接连四箭,箭无虚发射死四头野猪,正要搭箭射另一头时,"陛下,小心!"唐俭一边大声呼喊,一边下马冲了过去。

在唐俭大喊之时,一头野猪已冲到唐太宗马镫旁,眼看就要撞上了,唐太宗不慌不忙地把弓箭一丢,拔出佩剑将那头野猪斩成两半,大笑着对唐俭说:"怎么样,宝刀未老吧?"

唐俭立刻板起脸说:"汉高祖能在马上得天下,却不能在马上统治,陛下不知爱惜自己的性命,您以为以武平定天下,天下就太平了吗?"

"您要处理的都是重要政务,难道杀了这一头畜生,就觉得心满意足了吗?万一因此丧生呢?"魏徵也在一旁责怪。

唐太宗听了虽觉扫兴,但他们说得十分有理,所以不但没发脾气,反而非常客气地表示自己的确太鲁莽了,从此就尽量减少跑马打猎的活动。

可是,很长时间以后,他再也忍不住了,趁魏徵请假回家扫墓,便计划进行一次大狩猎。宫里为此忙得天翻地覆,正当一切准备就绪要出发的时候,唐太宗却取消了这个计划。大臣们十分疑惑但都不敢询问原因,一直等到魏徵回来,大家就赶紧请他去问问。

"陛下,听说您要到终南山打猎,所有车辆都准备好了,却又没去成,这到底是为什么呢?"

唐太宗有些不好意思,笑了一会儿才说:"我确实是很想去的,但是实在怕你回来以后责怪我,所以只好作罢了。"

长孙皇后过世后,唐太宗专门命人修了一座塔,以便随时可以看到埋葬长孙皇后的昭陵。一天,唐太宗在塔顶指向皇后的昭陵给魏徵看,魏徵东张西望了一圈后告诉唐太宗什么都没看到啊。唐太宗又指了指,不是就在

前方吗？魏徵回答道："前面不是皇后的昭陵吗？我以为您让我看的是唐高祖的献陵呢。"

唐高祖比长孙皇后早一年崩逝，献陵是唐高祖的坟墓。父亲过世，唐太宗并未下令建高塔怀念他，现在为皇后特意建了一座塔，天下的人会认为他重妻子甚于父亲，是大不孝。唐太宗知道魏徵又在趁机进谏了。

第二天，唐太宗就派人把塔拆了。

贞观初年，魏徵上谏了200多件事，都被唐太宗采纳。所以，唐太宗这样说过："贞观以前，从我平定天下，周旋艰险，玄龄之功无所与让。贞观之后，尽心于我，献纳忠谠，安国利人，成为今日之功业，为天下所称者，惟魏徵而已。"魏徵死后，唐太宗经常痛哭，并对身边侍臣说："夫以铜为镜，可以正衣冠；以古为镜，可以知兴替；以人为镜，可以明得失。朕常保此三镜，以防己过。今魏徵殂逝，遂亡一镜矣！"可见魏徵在唐太宗心目中的重要地位。

第三章 开创大唐盛世

一代贤后长孙氏

贞观十年(636年),唐太宗的妻子,唐朝的长孙氏文德皇后去世。每一个伟人的背后都有一个强而有力的精神支柱,那个支撑唐太宗的支柱就是长孙皇后。

长孙皇后是隋朝骁卫将军长孙晟的女儿,再加上她的先世是北魏的宗室长,所以被称为长孙氏。长孙皇后的家世虽然非常显赫,但她从小就知书达理,端庄稳重,没有一点儿千金小姐娇纵蛮横的性格。长孙氏13岁时便嫁给了当时年方17的李世民为妻,她年龄虽小,但能悉心侍奉公婆,恪守妇道,相夫教子,深得丈夫和公婆的喜欢。在秦王李世民征战期间,长孙王妃跟随着丈夫四处奔波,照料他的生活起居,使他能够专心作战。李世民登基后,长孙氏作为一国之母并不因地位的改变而骄矜自傲,她始终保持着贤良恭俭的美德。对太上皇李渊,长孙皇后十分恭敬,每日早晚必去请安,时时提醒宫女怎样照顾他的生活起居,尽守孝道。

长孙皇后非常宽容大度,她从不因为自己与唐太宗同生共死、感情深厚就要求专宠,反而常规劝李世民要公平地对待每一位妃嫔。正因如此,唐太宗的后宫很少出

103

现妃嫔争宠的现象,这在历代都是极少有的。

因为长孙皇后很有见地,所以唐太宗常与她谈起一些军国大事,并有时会按照她给出的意见来处理国事。但长孙皇后没有因此就干预政事,她认为"母鸡司晨,终非正道,妇人预闻政事,亦为不祥"。她只对唐太宗说过自己经过深思熟虑得出的见解"居安思危,任贤纳谏"。她提出的是原则,而不愿用细枝末节的建议束缚皇夫,她十分相信李世民手下那批谋臣贤士的能力。

长孙无忌是长孙皇后的哥哥,他文武双全,早年就跟随李世民在秦王府中做幕僚,为李世民出谋划策,并辅佐李世民赢取天下,立下了卓卓功勋。唐太宗本想让长孙无忌担任宰相,长孙皇后却奏称:

> 妾既然已托身皇宫,位极至尊,实在不愿意兄弟再布列朝廷,以成一家之象,汉代吕后之行可作前车之鉴。万望圣明,不要以妾兄为宰相!

唐太宗觉得他任命长孙无忌为宰相凭的是他的功勋与才干,完全可以"任人不避亲疏,唯才是用"。长孙无忌也因妹妹是皇后而有所顾忌,不愿意接受宰相之职。唐太宗不得已只好让他做开府仪同三司,位高但是没有实权,长孙无忌仍要推辞,理由是"臣为外戚,任臣为高官,恐天下人说陛下为私"。唐太宗很严肃地告诉他,这是唯才是用，并不是任人唯亲，长孙无忌才接受这个职位。

长孙皇后的大儿子李承乾自幼被立为太子，他的乳母遂安夫人管理太子府的日常用度。当时宫中实行节俭开支的制度，太子宫中也不例外。遂安夫人时常在长孙皇后面前抱怨太子府内一应器物都很寒酸，花费经常捉襟见肘，因而屡次要求增加费用。但长孙皇后并不因为是自己的儿子就加以娇惯，反而认为既身为储君，没有德行就没有能力管治天下。长孙皇后的公正明智，使宫中所有的人都佩服她，愿意听从她。

长乐公主是唐太宗与长孙皇后唯一的女儿。她从小养尊处优，很得唐太宗宠爱。长乐公主出嫁时，她向父亲提出所配嫁妆要比永嘉公主加倍的要求。永嘉公主是唐太宗的姐姐，出嫁时正逢唐初国库空虚，因而嫁妆比较简朴；长乐公主出嫁时已是贞观盛世，国力强盛，要求增添些嫁妆是很自然的事。魏徵听说了此事上谏唐太宗，他认为长乐公主的要求不符合长幼有序的礼数，劝谏唐太宗不能答应。唐太宗认为情况不同，现在国力强盛了，多给女儿点儿嫁妆有什么关系。回宫后，唐太宗就把魏徵的话告诉了长孙皇后，长孙皇后对此十分重视，她称赞魏徵，认为魏徵是个不可多得的臣子。最后，在长孙皇后的反对下，长乐公主带着并不丰厚的嫁妆出嫁了。长孙皇后不仅在嘴上称赞魏徵，还亲自派中使赐给魏徵绢400

匹、钱400缗来奖赏他。

贞观八年(634年),长孙皇后随唐太宗巡幸九成宫,回程的路上受了风寒,又引动了旧日痼疾,病情日渐加重。太子李承乾请求大赦天下为母亲祈福祛疾,群臣感念皇后盛德,都随声附和,就连耿直的魏徵也没有提出异议。但长孙皇后坚决反对,她说:

> 死生有命,富贵在天,非人力所能左右。若修福可以延寿,吾向来不做恶事;若行善无效,那么求福何用?赦免囚徒是国家大事,道观也是清静之地,不必因为我而搅扰,何必因我一妇人,而乱天下之法度!

她是多么深明大义啊。

长孙皇后的病拖了两年时间,崩逝于立政殿,年仅36岁。弥留之际,长孙皇后尚殷殷嘱咐唐太宗善待贤臣,不要让外戚位居显要;并请求死后薄葬,一切从简。

唐太宗为长孙皇后修建了昭陵,气势十分雄伟宏大,并在墓园中特意修了一座楼台,以便凭高远眺皇后的陵墓,来表达自己对贤妻的敬慕和怀念。

平定大漠被尊为天可汗

　　自唐太宗登基三年过去了,大力实施的革新都有了成效。百姓不仅度过了灾荒,且家有余粮,生活富足;官府的粮仓中也堆满了粮食。兵力充足,军事实力大大增强,国防巩固。经济发展繁荣,长安城商旅往来络绎不绝。全国的风气大有改善,许多地方可以夜不闭户。唐朝的国力强大起来了。

　　东突厥这三年的境遇却完全不同。首领颉利可汗不发展民生,一味享乐,使得突厥百姓生活困苦。第二次与唐朝交战时还没开战就签下了渭水盟约,使得部落中最强大的薛延陀(活动范围在今蒙古中部杭爱山附近)、回纥(活动范围在今内外蒙古)、拔野古(活动范围在今东北松花江、黑龙江一带)十分不满,因而脱离了颉利的统治。至此,东突厥国力大衰。

　　贞观初年,唐太宗刚刚即位时,颉利可汗曾率领大军攻到京师,唐太宗以机智化解了危机,双方还签订互不侵犯的渭水盟约。那时因为唐朝刚刚统一,国力不强,没有足够的实力与突厥相抗,签订盟约后还"馈赠"大量财物给突厥,才使得突厥退兵。这是唐太宗最感奇耻大辱的事情,所以突厥兵退以后,他每天亲自带领数百名卫士在宫中操练,以表并未淡忘这奇耻大辱,以及矢志雪耻的决心。

卫国公李靖向唐太宗谈起东突厥的现状,因连年灾荒百姓苦不堪言,颉利不但不进行改革休养生息,反而率兵到朔州作乱,看来唐朝雪耻的机会快到了。

唐朝签订渭水之盟后,东突厥中最强大的三个部落就脱离了颉利可汗的统治,颉利十分愤怒,命令突利带大军去讨伐,结果没过多久突利就狼狈逃回,几乎全军覆灭。颉利可汗更生气了,他认为是突利没有用全力作战才导致的失败。实际上,是因为颉利的势力远远比不上脱离出去的那三个部落。颉利可汗又想到突利是李世民的结拜兄弟,认为他是与唐朝勾结,就把突利囚禁起来了。突利在狱中百口莫辩。后来在突厥的大臣们劝颉利要以国家为重、不要引起内乱的原因下,颉利才将他放出来,但两人心中的猜忌裂缝却难以缝合。

东突厥这一年不仅内部不安定,连天气都变得十分恶劣。这年冬天下了几场大雪,大地冻结成冰块,羊马等牲口不知冻死多少,庄稼更是颗粒无收。整个东突厥的百姓几乎都连饭都吃不饱,颉利却下令要到朔州打猎。颉利可汗的部下都劝阻他,颉利却认为这是为了向唐朝示威,不但不听劝,反而把劝他的人都杀了。这一年的夏天,气候的变化出人意料,五六月时,气温仍旧偏低,偶尔还会下上一两场霜,害得百姓刚播下的种子还没有发芽,就被冻死了。到了七八月,天气突然转热,每天早上大地先是弥漫一层浓厚的红雾,令人望而生畏,不敢出门,等雾一散,太阳已发挥最大的威力在上空蒸烤这片大地了。不但每天都酷热难当,而且连一滴雨水也没有,整个漠北的地面都已龟裂,河流也都干涸了。东突厥百姓的生存都是问题。

这时,唐太宗派到东突厥的间谍便开始在人群中散布谣言,说是因为颉利可汗整日派兵去攻打其他的部落,从来没想要好好地治理自己的部落,所以老天爷看不惯他的行为,要惩罚整个东突厥。很快这个谣言一传十,十传百,东突厥的每一个人心中都对颉利可汗充满怨恨。

突利一看机不可失,连忙率领自己的部众脱离颉利的统治,一场内战过后,双方虽无重大的伤亡,但在众叛亲离的情况下,颉利已经元气大伤了。

贞观三年(629),唐太宗决定出兵,他打着帮助结拜兄弟突利的名义进攻东突厥。在发兵之前,唐朝已先派人与薛延陀部落达成协议不出兵助颉利可汗,然后派李靖领兵一举就将颉利赶出马邑(今山西朔县),还收降了拔野古、同罗、仆骨等部落,使得颉利越发势单力薄了。

这时唐朝才正式发出宣战通牒,派李靖做主帅,由李

勋、柴绍、李道宗、卫孝节、薛万彻等六大总管辅助,率领十万大军浩浩荡荡去包围颉利的残余势力。

李靖和李勣分别在定襄和白道(今内蒙古呼和浩特北部)夜袭成功,不但将颉利苦心扶植的傀儡政府由隋皇室杨政道和萧太后组成的伪政权消灭,而且还虏获了突厥士兵10多万人。颉利用诈降期望找个适当时机来反攻,未料唐军早已看穿他的计谋,将突厥部将打得七零八落,颉利只好逃往吐谷浑(今青海一带),谁知半路又遇到另一路唐军,这时颉利深知大势已去,无心再战,于是便束手就擒。

贞观四年(630年),大漠南北都进入大唐的版图。

长安城到处锣鼓喧天、张灯结彩,老百姓都挤在街道旁等着凯旋的队伍归来。唐太宗登上顺天门,召见颉利可汗,先是责骂他不断背盟、恃强好战;但看在没有真正的入侵唐朝,决定不杀他。唐太宗把颉利和他的亲人安置在太仆寺加以款待。颉利可汗感激万分,表明自己会永生归顺唐朝。当唐太宗听说颉利整日郁郁不乐、日益消瘦,不住房屋而在院子里搭了帐篷,经常同家人抱在一起悲歌哭泣的事情后,就改任颉利为虢州(今河南灵宝)刺史,但颉利不愿到那儿去。唐太宗又改任他为右卫大将军(禁军的高级武官),赏赐了大量田宅。后来颉利病死,唐太宗按照突厥风俗施行火葬,还在灞水东面为他筑了高大的坟墓,并让颉利的儿子终身袭其父职。

大破东突厥以后,唐朝在东突厥的故地设置了许多羁縻州府,任用东突厥贵族做都督(地方军政长官),并按照他们的习惯,规定职务可以世袭。这些州府名义上要接受唐朝的册封,定期向中央朝贡,但不向唐交纳赋税,仍然保持本民族的风俗习惯。在这些州府之上,设都护府,其官员由中央直接任免,代表中央行使主权,管理边防和处理民族之间的事务。

在朝廷里,唐太宗大量任用突厥贵族为官,突厥各部首领凡愿到长安的,都拜为将军(武官,在大将军之下)、中郎将等官。当时五品以上的突厥武官达到100多人,几乎占了整个朝廷武官的一半。在宫中随时可以看到带刀的身着官服的突厥守卫。例如,以智勇闻名的阿史那社尔,率突厥部众归顺后,被唐太宗封为左骁卫大将军(禁军的高级武官);后在平定高昌的战役中立功,唐太宗还赐予宝刀和丝织品,封毕国公。

契苾何力率铁勒部归顺后,唐太宗任他为左领军将军,他屡建战功。一次随唐太宗出兵,他被敌军刺伤,唐太宗亲自为他敷药。契苾何力在回家探亲时被部众抓去见薛延陀的真珠可汗。契苾何力在真珠可汗面前宁死不屈,唐太宗为换回契苾何力,把新兴公主嫁给了真珠可汗。

唐太宗传

　　唐太宗对少数民族将领能与汉族将领一视同仁,赢得了少数民族将领的尊敬。在唐太宗巩固边疆的战争中,少数民族将领和首领起了很大作用。

　　塞北最强悍的部落被灭,其首领被擒,这消息立即传遍天下,四方的蛮夷纷纷到长安城进贡,一来为表示衷心的诚服,二来是想借机瞻仰一下天朝的威仪。一时颜色各异的奇装异服、千奇百怪的蛮音夷语充斥长安城,看得生在黄河流域的唐朝群臣们眼花缭乱,目瞪口呆。

　　从此,四夷都尊称李世民为天可汗。这一年日本也派遣使节到大唐来,长安成为东方经济、文化、政治中心,世界各地的人都拥到长安城朝圣、留学。

领土空前广大

东突厥败亡后,唐朝将其投降的10多万民众安置在幽州(今河北大兴)到灵州(今宁夏灵武)一带,由突利和李思摩共同管理。唐太宗的原意是让他们集中在那一带,便于治理和控制,并让他们接受汉化。不料,贞观十三年(639年),突利的弟弟结社率兵谋反,趁唐太宗到陕西察看民情的时候,带兵攻打九成宫(今陕西麟游),结果失败被擒。唐太宗觉察到把突厥置于中原领域的危险性,便封李思摩为乙弥泥孰俟利苾可汗,命他带领突厥百姓再度返回他们在河套以北的故乡。

"没想到东突厥这批人还是不肯安分!"唐太宗不禁愤怒地说。

"东突厥倒还是小问题,要担心的是薛延陀和高昌(今新疆吐鲁番一带)这两个部落,他们在一旁等待攻击的机会已经很久了。"李靖分析边境的状况给唐太宗听。

"薛延陀的酋长我已经册封为真珠可汗,他还有什么不满足的?"

"人心哪有能轻易满足的,您想想看,薛延陀是突厥部落中最强大的,它的领地东至靺鞨(今松花江一带),西边和西突厥相邻,南到沙碛(今蒙古沙漠),北边到兴伦水(今鄂尔浑河),有这么广大的土地,又有20万精兵,他怎会因当个小可汗就满足了呢?我想他们一定会利用东突厥迁居展开行动的。"

唐太宗点点头,又问:"高昌是个小国家,它为何蠢蠢欲动呢?"

李靖笑着说:"这叫不自量力啊!它虽是个小国,但因为是出入西域的门户,便俨然以重要国家自居。我看他们这次派来的大使,言语口气都很不友善,恐怕会有叛变的居心。"

"看样子你们这些战将的安定日子要结束了。"唐太宗既感慨又兴奋,"东突厥那些人不是都迁回老家了嘛,正好让他们作为我军与薛延陀中间的缓冲。"

果然不出李靖所料,薛延陀势力逐渐强盛以后,就开始不安分,当李思摩带领部落重返家园以后,他更是借种种理由三番两次去找东突厥的麻烦。虽然每次都被唐太宗派兵镇压了,但薛延陀的气焰却越来越嚣张。

第二年,薛延陀还没任何举动,远在西域边上的高昌却抢先一步和西突厥勾结造起反来了。

西突厥原是和东突厥势均力敌的塞外另一强大部落,控有中亚和新疆一带的土地。贞观十二年(638年),这个部落分裂为两部,其中一部的酋长曾派遣使者到长安请婚,唐太宗虽然没有直接拒绝,但一直没将公主嫁过去,所以当高昌王文泰前来邀约一起谋反时,西突厥的首领便一口应允了。两个部落联合以后,势力果然大增,一下子就攻下伊吾(今新疆哈密)、焉耆(今新疆焉耆)等城。

"李靖,高昌果然造反了,没想到的是他居然会和西突厥联合。"唐太宗皱着眉说。

"陛下,这是福不是祸,您想想看,西域这些藩国虽尊我们为天朝,年年岁岁贡纳不绝,但我们唐朝却没能真正掌握当地的治理权,那些领土也算不得真正属于唐朝,现在我们正好趁这机会前去攻打,使西域一带正式纳入我们大唐的统治。"李靖对唐太宗说。

"对啊!否则出师无名,我也不能无缘无故发兵到西域,这太好了,赶紧叫侯君集带兵去攻打,你不用去,不要忘了北方还有另一强敌呢。"唐太宗笑逐颜开地说。

唐朝的大军经过近10年的发展、训练,一个个精神旺盛,斗志高昂,加上食粮丰足,到达新疆后,就大发神威连战皆捷,打得这两大部落溃如散沙,急忙竖起白旗向唐军投降。

贞观十四年(640年),侯君集除了将文泰的儿子智盛掳回长安外,并在高昌设安西都护府,使这一块土地正式归入大唐统治,而且又平服了焉耆、龟兹、疏勒、于阗等部落。

"西方这一股乱势终于平定了!"唐太宗欣慰地说,"现在除北方薛延陀外,四境可说都归服咱们大唐了。趁这机会我想到泰山封禅,一来庆祝西方的胜利,二来可宣扬声威,让真珠可汗瞧瞧。"

贞观十五年(641年)十一月,真珠可汗听到唐太宗封禅泰山的消息高兴得很。他认为唐太宗要到泰山封禅,唐朝的大军一定会被派到洛阳防守,就不会注意到他的动静,趁机先把李思摩那一班人消灭掉,然后向长安进发,这一仗一定可以打赢,便火速发兵向漠南攻去。

真珠可汗万万没想到竟然失算了。唐朝的明君贤臣的军事才能不容小觑。真珠才发兵,李勣、薛万彻已在薛延陀大军必经的道路上等待着,所以大军才刚出沙漠,就被唐军击得溃不成军,落荒而逃。

"可汗,下一步该怎么办?"真珠的叔父忧心地问。

真珠可汗满不在意地回答:"没什么好怕的,去年松赞干布不也战败了吗?结果还不是娶了个公主回家。现在我也要依样画葫芦,你替我到天朝去向天可汗求婚,告诉他只要把公主许配给我,从今以后我们就安分守己,绝不再发兵妄动了。"

真珠可汗的叔父带着3000匹良马到长安向唐太宗请求赐婚。唐太宗听到真珠可汗的请求后,不禁迟疑了,立即召集几位近臣会商。

"这回薛延陀虽然被我们打败,但我们绝不能因此轻视他们的力量。长久以来,他们就是中土最大的外患,这回我们一定得想出个万全之策。"唐太宗慎重地说。

房玄龄在一旁点头说:"最好的方法莫过于派大军将他们全部歼灭。"

"那可能要耗去许多的兵力和财力,这两年外族不停地叛乱,不时要派些兵马去镇压,如果现在派大军去攻打薛延陀,很可能会损及大唐的元气,使别的部落有机会向中土侵略。"做事一向密细谨慎的唐俭说。

唐太宗沉吟了片刻,果决地说:"我有两个方法,你们分析一下哪个比较好,我们再选择一个来实施。第一个法子就是派大军去剿灭,这可能要花上几年的时间。派出的大军要上百万,还要不断地运送大军所需要的粮草。但若能将薛延陀整个消灭掉,北方就能有百年和平安定的局面。至于另一个方法,就是一直沿用的和亲政策,这个和亲的成效,我想大家可从吐蕃的归服上得到验证。"

接着,唐太宗不禁得意地笑了:"现在真珠派人来请婚,如果我答应嫁一位公主过去,从此两方便结为秦晋之好,边境可有30年的和平时光。并且还要以放回扣押的契苾何力为条件。你们认为这两个方法哪一个比较好?"

"能有百年的和平,自然是很好的一件事,但却要消耗太多的国力,目前实在不宜再扰乱人民的生活,我个人觉得唐俭说得有理,为民生着想,只有用和亲政策了。"房玄龄考虑后回答,王珪、唐俭听了也都同意。

"那我就将新兴公主下嫁给真珠,以表示结亲的诚意,有没有人反对?"

天可汗许嫁亲生女儿的消息传到塞北,真珠可汗喜不自胜,立即命令手下部将到各部族征敛牛羊等牲畜作为聘礼。

"可汗,需要这么多聘礼吗?唐朝会不会假意答应婚事,等我们去迎亲时,将我们一网打尽呢?"一个部将忧心地问。

"别在那儿胡思乱想,天可汗怎么会欺骗我?大唐的公主乃是金枝玉叶,我当然得预备许多聘礼去迎娶,以免辱没了她的身份。不要多嘴,快去准备,牲畜越多越好,听到没有?"真珠高兴又得意地说。

这时被放回的唐将契苾何力回到了长安,他请唐太宗取消与真珠可汗的和亲。

"陛下,我和薛延陀乃是同一族的人,对他们的陋习知道得最清楚,况且薛延陀居住的地方乃是大沙漠,您怎么舍得送公主到那儿去受苦?目前我们正占上风,为什么要答应他们的请婚?"铁勒族的契苾何力激动地说。

"这件事对公主而言当然很委屈,但天子无戏言,我已经许婚了,怎么能反悔呢?这件事对我们大唐有利,为了大唐的利益,我牺牲一位女儿又何妨?"唐太宗分析利害给契苾何力听。

"真珠的年纪已大,两个儿子又都已成人,"契苾何力依然力争,"如果我们取消婚约,对真珠说来一定是个大打击。如果他承受不了因此去世,他两个儿子一定会争夺大位,到时我们就可坐收渔翁之利啊。"

唐太宗摇摇头,和颜悦色地说:"我不认同你说的办法,他既然诚心诚意要和我们结亲,我就不应该对他使诈。契苾何力,我明白你的心意,不过这件事我已经决定了,你就不要多说了,也不要急着回去,留在京城一块来看看真珠的聘礼,好吗?"

正当长安城上上下下翘首以盼观赏真珠的聘礼时,不幸的事发生了。原来薛延陀乃是一个落后的部落,又位居大漠,气候炎热,各地一向没有仓储设备。向各部族征收的畜牲,因路程遥远水草不足,都在半途接二连三地死亡了,所以一直到纳聘的最后时限,真珠仍然筹不出像样的聘礼,因此错过了婚期。

"大胆的真珠,居然敢对天朝无礼,约好的纳聘时间为何不遵守?"唐太宗气得破口大骂,薛延陀派来的大臣

诚惶诚恐地跪在地上直打哆嗦。

"没有能力办足聘礼来请什么婚？我亲自将公主送到灵州以示厚爱之意，你们把我大唐当成玩笑吗？"唐太宗口中骂着，心里却十分高兴，因为他实在不愿意让自己的亲生女儿到塞外和亲。

薛延陀派来的使臣急忙解释聘礼没能按时送到的原因。唐太宗看在他们大费周章备办聘礼的份上，就不和他们计较了，顺势提出了取消新兴公主与真珠可汗的婚约。薛延陀的使臣感恩不止。

从此，薛延陀果然诚心归服。第二年，真珠可汗老死，他的两个儿子为夺大位而起争执，真珠可汗正妻所生的儿子拔灼夺得王位，称多弥可汗。多弥可汗趁唐太宗正在东征高句丽之时，断定唐朝的边界会减弱兵力，决定攻打唐朝。然而，唐太宗预计到了薛延陀会突然袭击，命令执失思力率领突厥士兵保卫夏州（今陕西榆林），大败薛延陀大军。随后又派大军前往攻打，不仅将薛延陀部全部击败，更使雄踞大漠南北数百年的铁勒族部落臣服，纷纷主动要求并入大唐。

此时，不但南海、西域都纳入大唐统治，连北部部落也都被大唐降服了。唐太宗得意地将亲笔写的诗句"雪耻酬百王，除凶报千古"刻在石上，摆在灵州以示后人。

贞观二十二年（648年），唐太宗将回纥、铁勒诸部编成羁縻州府,由燕然都护府统辖,区域大概是由现在东三省以西开始,西达新疆北部,北抵今俄罗斯南部,南接今宁夏、内蒙古、甘肃。

大唐统治的领域超越前朝任何一代。

文成公主远嫁吐蕃

平定东突厥后,唐朝的外患基本上解决了。唐太宗大力推行和亲政策,他了解到北方少数民族的政权多由后妃操纵。如果外孙做可汗,就不会骚扰唐朝。出嫁一个公主,可以保证北方30年无事。因此,唐太宗先后把自己的妹妹衡阳公主嫁给了突厥处罗可汗的儿子阿史那社尔,把另一个妹妹九江公主嫁与在朝为官的突厥酋长执失思力。

贞观年代,四夷降服,大唐声威远播,因此慕名前来请婚者不计其数。其中就有吐蕃赞普松赞干布,他几次前来唐朝求婚。

公元7世纪,松赞干布继位做了吐蕃赞普(即吐蕃王),他是一位骁勇精悍的领袖,率领军队统一了许多部落,令吐蕃实力大增。贞观十二年(638年),松赞干布率吐蕃大军进攻大唐边城松州(今四川松潘),破城后把全城百姓中的男人全部斩杀,女人全部为奴。唐太宗派侯君集率领大军前来讨伐,在松州大败吐蕃。松赞干布向唐朝俯首称臣。因为对大唐的强盛羡慕不已,他在上书谢罪的同时,还特向唐朝求婚。

由于当时请婚者过多,唐太宗就决定出几个题目来测试他们的智慧和胆识,选出最优秀的人,再把公主嫁给那个人。当时参加测试的一共有5个附属国。

"第一个问题,这儿有一块碧玉和一束丝线,玉的两面各有一个小孔,里面的通道是曲折弯绕的,谁先把线穿过去,谁就赢了。"一名唐朝侍臣出来宣布试题。

吐蕃派来的代表是他们的宰相禄东赞,他是个十分聪明的人。听到题目后,他想了一会儿就命人找了几只蚂蚁来,然后把丝线绑在蚂蚁身上,再把蚂蚁放在玉的孔旁,在它身后轻轻地吹气,蚂蚁便急急忙忙地跑进孔中,不一会儿蚂蚁和丝线便自另一洞孔穿了出来。

"第一道试题吐蕃得胜。下面一题是,在诸位面前各有一根两头粗细相同的圆木,请你们判断一下,这些木头哪一端是根部,哪一端是枝干?"

禄东赞稍想了一下,就请侍从把面前的木头沉入水中。其他四国代表看到他这么做,都面面相觑,很是不解。

"现在请大家仔细看,"禄东赞大声说,"这些木头都是一头朝上一头朝下,那朝下的就是根部,朝上的便是后长出的枝干。因为根部的纹理比起后长的枝干更为细密,比较重,所以会沉入水下,反之,另一头自然是干部。"

"好！"唐太宗笑着竖起大拇指，"第三道题目等到晚上再宣布，我会以钟声通知你们，现在你们先回去休息吧。"

当晚夜半，大家都等得快不耐烦的时候，清脆的钟声自宫中响起。

"为什么没有接引官？"禄东赞怀疑地自问，"难道这也是一道题目？"一时摸不着头绪，便匆匆忙忙向宫中奔去，并吩咐随从随后在每个转弯和岔路做下标记。

唐朝的宫殿非常宏伟，内中亭榭楼阁、曲径、长廊，若无识路者带路，便会有走入迷宫的感觉。禄东赞朝着亮光的地方跑去，一看原来是个戏台，正在表演杂耍百戏，唐太宗和大臣们正在观赏。不一会儿另 4 位代表也赶到了，唐太宗笑着说："请诸位照刚才的来路回去，谁先走回宾馆，谁就赢得公主。"禄东赞当然是第一个回到宾馆的，他的机智不仅使吐蕃在比试中大获全胜，还获得了唐太宗对他的赏识，将一宗室女子许配给他。

唐代画家阎立本画有《步辇图》（见下页），描绘的内容就是禄东赞朝见唐太宗时的场景。图卷右半是在宫女簇拥下坐在步辇中的唐太宗；左侧三人，前为典礼官，中为禄东赞，后为翻译人员。画中的唐太宗，面目俊朗、目光深邃、神情庄重，充分展露出盛唐一代明君的风范、威仪。

〔唐〕阎立本绘《步辇图》

唐太宗传

唐太宗许配给松赞干布的就是文成公主。文成公主不仅长得美丽端庄,而且性格坚毅勇敢。她自幼饱读各类书籍,精通许多知识。她虽然对遥远的吐蕃一无所知,但欣然同意去吐蕃和亲。

贞观十五年(641年)的冬天,在礼部尚书江夏郡王李道宗的护送下,文成公主前往吐蕃。和亲的队伍除了携带着丰盛的嫁妆外,还带有大量的书籍、乐器、绢帛和粮食蔬菜种子。除文成公主陪嫁的侍婢外,还有一批文士、乐师和农技人员。因为当时吐蕃已经击溃了吐谷浑,成为西南举足轻重的强邦。深谋远虑的唐太宗觉得只有对吐蕃加强笼络,才能保证大唐西南边陲的稳定,因此从经济、文化、农业生产上都给予吐蕃大力帮助,使吐蕃在潜移默化中感激和追随大唐。文成公主实际上就是肩负着这项和睦邦交的政治任务远嫁的,这支送亲的队伍也是前去协助她完成这项使命的。

经过一个多月的艰苦跋涉,遇到了松赞干布亲自率领的大队迎亲人马。松赞干布一行见到大唐使臣江夏郡王李道宗跪地便拜。送亲和迎亲的队伍前呼后拥地进入了逻些城。在李道宗的主持下,松赞干布与文成公主按照汉族的礼节,举行了盛大的婚礼,全逻些城的民众都为他们歌舞庆贺。

婚后不久,松赞干布为缓解大唐妻子的思乡之情,为她建造了一座美轮美奂的宫殿布达拉宫。布达拉宫宏伟华丽,亭榭精美雅致,有池塘和各色美丽的花木,都是模仿大唐宫苑的样式。为了与文成公主有更多的共同语言,松赞干布脱下他穿惯了的皮裘,换上文成公主亲手为他缝制的丝质唐装,还努力地向文成公主学说汉语。他们感情融洽,互爱互敬。

吐蕃人有个传统习惯,就是每天要用赭色泥土涂敷面颊,他们认为这样能驱邪避魔。文成公主仔细了解这个习惯后,觉得没有道理又很不卫生,就婉转地向松赞干布提出了自己的看法。松赞干布听后觉得很有道理,下令废除这项习俗,慢慢地吐蕃百姓都觉得不在脸上涂抹赭色泥土既方便又好看,都很感激文成公主的建议。

习惯了吐蕃的生活后,文成公主命跟随来的汉族乐师向吐蕃百姓传授音乐知识,使汉族的音乐渐渐传遍了吐蕃的领地。随来的文士们开始整理吐蕃的有关文献,记录松赞干布与大臣们的重要谈话,使吐蕃的政治走向正规化。松赞干布又命令大臣与贵族子弟诚心诚意地拜文士们为师,学习汉族文化,研读他们带来的诗书。

接着,松赞干布还派遣了一批又一批的贵族子弟远赴长安去学习,把汉族的文化引回吐蕃。农技人员先把从中原带去的粮食、蔬菜种子播种在高原的沃土上,然后精心地灌溉、施肥、除草,获得了大丰收,使不善种植的吐

蕃百姓大吃一惊。农技人员还有计划地向吐蕃百姓传授农业技术,使他们在游牧之余还能收获到大量的粮食。最重要的是把种桑养蚕的技术带到吐蕃,使吐蕃有了自制的丝织品,极大地改善了吐蕃百姓的生活。吐蕃百姓对文成公主感激不已,视她为神明。

文成公主凭着自己的知识和见地,细心体察吐蕃的民情,然后提出各种合情合理的建议,松赞干布对文成公主的建议都尽力采纳。但文成公主对吐蕃的重大政治决策,只提出自己的看法,并不强行干涉,因此松赞干布和大臣们经常向她讨教唐朝的政治制度,以作为他们行政的参考。

文成公主去世后,吐蕃百姓到处为她立庙设祠,以作纪念。

第四章 千古明君

第四章 | 千古明君

二十四功臣留像凌烟阁

贞观十七年(643年),大唐疆域一再拓展,百姓的生活十分富庶安定。一天,唐太宗向魏徵询问自己是否能称得上他所说的明君了。魏徵慎重地说:"大唐现在算得上强盛了,但是近几年皇上有些志得意满,处理政事不再像早年那么认真,生活上也有趋向奢靡的倾向,千万不能因此坏了您一世的英名呀。"唐太宗对魏徵的劝诫十分诚服,接着又说起想给对建国有重大功勋的大臣画画像,放在凌烟阁,以便流传到后世。

凌烟阁是皇宫内三清殿旁一个清静的阁楼,唐太宗命御用画师阎立本绘出24位功臣的画像放置在凌烟阁内,他时常前往怀旧。

凌烟阁内的24位功臣,第一个是赵公长孙无忌。他是长孙皇后之兄。他自幼与后来即位为唐太宗的李世民是好朋友,在李渊于太原起兵后投靠李世民。他与李世民一同经历过多次战役,在玄武门之变中发挥了重要作用。他是唐太宗最为信赖的臣子之一。唐太宗曾说过,自己能得到天下,大半是长孙无忌的功劳。唐太宗驾崩前命他辅佐唐高宗,后来他因为反对唐高宗立武则天为

皇后而失宠,被诬陷谋反而自杀。

第二个是赵郡王李孝恭。他的父亲是唐高祖李渊的堂弟。唐朝建立后,唐高祖命李孝恭管理巴蜀一带。唐高祖派李靖帮他消灭萧铣、辅公佑的军队,收复长江以南。唐太宗登基后,李孝恭上交实权,每日饮酒作乐。贞观十四年(640年),暴病身亡。

第三个是蔡公杜如晦。他经房玄龄推荐给秦王李世民后受到重用,为十八学士之首。他助唐太宗得天下,与房玄龄共掌朝政。贞观四年(630年)病故,年仅46岁。令唐太宗万分痛惜,死后极尽哀荣。

第四个是郑公魏徵。他是有名的谏臣,终生深受唐太宗信任。唐太宗说贞观之前辅佐之功以房玄龄第一,贞观之后以魏徵第一。贞观十六年(642年)病故。

第五个是梁公房玄龄。他原是秦府幕僚,善于谋略。唐太宗登基后被任为宰相,被比为汉之萧何,是唐太宗最为信赖的人之一。贞观二十二年(648年)病故。

第六个是申公高士廉。他是长孙皇后、长孙无忌的亲舅舅,也是他们的抚养人。

第七个是鄂公尉迟敬德。他原为刘武周部将,刘武周灭亡后投降李世民。唐郑决战时单骑救主,以勇将著称。玄武门之变中亲手杀死齐王李元吉。突厥进犯时以骑兵迎击取胜。晚年闭门不出,最终得享天年。

第四章 | 千古明君

第八个是卫公李靖。他协助李孝恭收复长江以南。后成功地消灭突厥政权，战功无人可及。又挂帅出征，消灭吐谷浑势力。屡次被诬告谋反，为免嫌疑，主动退休闭门不出。

第九个是宋公萧瑀。他是隋炀帝的萧后的弟弟，隋朝的重臣。后归附唐朝，被唐高祖重用。因与房玄龄、杜如晦不和，多次得罪唐太宗，仕途沉浮。唐太宗评价他"疾风知劲草，板荡识诚臣"。

第十个是褒公段志玄。他是唐高祖李渊在太原时的旧部，是首义功臣。参加多次重要战役，以勇武著名。李世民兄弟相争时，他拒绝李建成、李元吉的拉拢，忠于李世民，并参加了玄武门之变。其人治军严谨，唐太宗评价为"周亚夫无以加焉"。贞观十六年（642年）病故。

第十一个是夔公刘弘基。唐高祖李渊在太原起兵时，刘弘基负责招募勇士立有大功。在霍邑之战中斩隋主将宋老生。进攻薛举时在浅水原大败，力尽被擒，灭薛后获救。又在刘武周进攻太原时战败被俘，侥幸自己逃回，随后配合秦王在介休歼灭宋金刚。因唐朝与突厥关系恶化，他常年驻守北边抵御突厥。贞观年间曾随唐太宗远征高丽。唐高宗时病故。

第十二个是蒋公屈突通。他原是隋朝大将，战功赫

赫。降唐后被封为兵部尚书。灭王世充,后被委派镇守洛阳,于贞观元年(627年)病故。

第十三个是勋公殷峤。他是唐高祖李渊旧部,于太原起兵时投奔李渊,参与进攻长安。进攻薛举时,他在浅水原大败,与刘文静一同被追究责任,贬为庶民。后随李世民灭薛氏有功,重被任用。在进攻刘黑闼时,得病身亡,是凌烟阁功臣中最先去世的一个。

第十四个是谯公柴绍。他是唐高祖李渊的女儿平阳公主的丈夫。参与过攻克长安、灭薛举、刘武周、王世充、窦建德等重要战役。贞观年间作为主将消灭最后一位反王梁师都。贞观十二年(638年)病故。

第十五个是邳公长孙顺德。他是长孙皇后的叔叔。太原起兵时,他与刘弘基一同负责招募勇士,有大功。进攻长安时任先锋,擒隋主将屈突通。此后功劳不显。贞观年间,因多次贪污被弹劾,病故。

第十六个是郧公张亮。他在房玄龄、李勣的推荐下入李世民幕府。贞观年间,因善于行政而颇得唐太宗信任,又揭发侯君集谋反、随唐太宗征高丽而立功。贞观二十年(646年)谋反,受诛。

第十七个是陈国公侯君集。他任秦王幕僚,是玄武门之变的主要策划人。贞观年间,他担任李靖副将击败吐谷浑,又任主将击灭高昌。回朝后因私吞高昌战利品而被弹劾,为此怀恨在心。他在唐太宗诸子争当太子的斗争中依附太子李承乾,图谋杀唐太宗拥立李承乾,事泄被杀。

第十八个是郯公张公谨。他原为王世充部下,后投降唐朝,受李靖推荐进入秦王幕府。他参与了玄武门之变的谋划。唐太宗登基后,任他为李靖副将抵御突厥,协助李靖灭亡突厥。次年病故,仅39岁。

第十九个是鲁公程知节。他本名程咬金,原为瓦岗军勇将,李密失败后降王世充。后因不满王世充,与秦叔宝一同降到李世民军下。经历多次战役及玄武门之变。他于唐高宗时出征贺鲁,屠杀已投降的平民,因此被免官,后病故。

第二十个是永兴公虞世南。他本是秦王幕僚,在李世民即位后继续尽心辅佐,被评价为德行、忠直、博学、文辞、书翰五绝。贞观十二年(638年)病故。

第二十一个是渝公刘政会。他是唐高祖李渊任太原太守时的老部下,随李渊起兵,是首义功臣。此后负责留守太原,刘武周进攻时被俘。他忠心不屈,还找机会打探刘武周军情秘密给李渊,在刘武周灭亡后获救。曾担任刑部尚书,贞观九年(635年)病故。

第二十二个是莒公唐俭。唐家与李家均为北齐大臣,有世交之谊,唐俭与李渊亦是朋友。他参与了李渊太原起兵的策划,为首义功臣。最大功劳是揭发独孤怀恩谋

反,被特赐免死罪一次。贞观初年负责与突厥外交事宜,被李靖"谋害",竟奇迹般逃生。后来任民部尚书,因怠于政事被贬官。唐高宗年间病故。

第二十三个是英公李勣。李勣即徐世勣、徐懋功,又称徐茂功,后赐姓李,为李世勣,为避讳唐太宗李世民,改名为李勣。他原为瓦岗军大将,年少时跟随翟让起兵,后跟随李密。李密降唐后,李勣成为独立势力,但他仍坚持以李密部下的身份降唐,以示不忘故主,被唐高祖李渊称为"纯臣"。遭窦建德进攻后,他因父亲被擒为人质不得已投降。后来密谋暗杀窦建德重归唐朝,但未能成功,侥幸逃走。随秦王李世民灭王世充、窦建德、刘黑闼,又担任主将灭徐圆朗,随李孝恭灭辅公祏。贞观年间与李靖一起灭亡突厥,此后16年负责唐朝北边防御,多次击败薛延陀势力,又随唐太宗进攻高丽。唐太宗死后辅佐唐高宗,被委以军事,担任主将再次出征高丽,终于将高丽灭亡。唐高宗重画其像于凌烟阁。灭高丽后次年(669年)病逝。

第二十四个是护公秦琼,也就是秦叔宝。他与秦王李世民一起参与多次战役,每战必冲锋在先。后因负伤太多而疾病缠身,贞观十二年(638年)病故。

唐太宗不愧被称为一代圣帝,与前朝的任何一个皇帝最大的不同点是,他不仅有唯才是用的贤明,而且时时不忘为他立下过汗马功劳的臣子,坚决不做"狡兔尽、走狗烹;飞鸟尽、良弓藏;敌国破、谋臣亡"的只能与功臣共苦而不能同甘的皇帝。

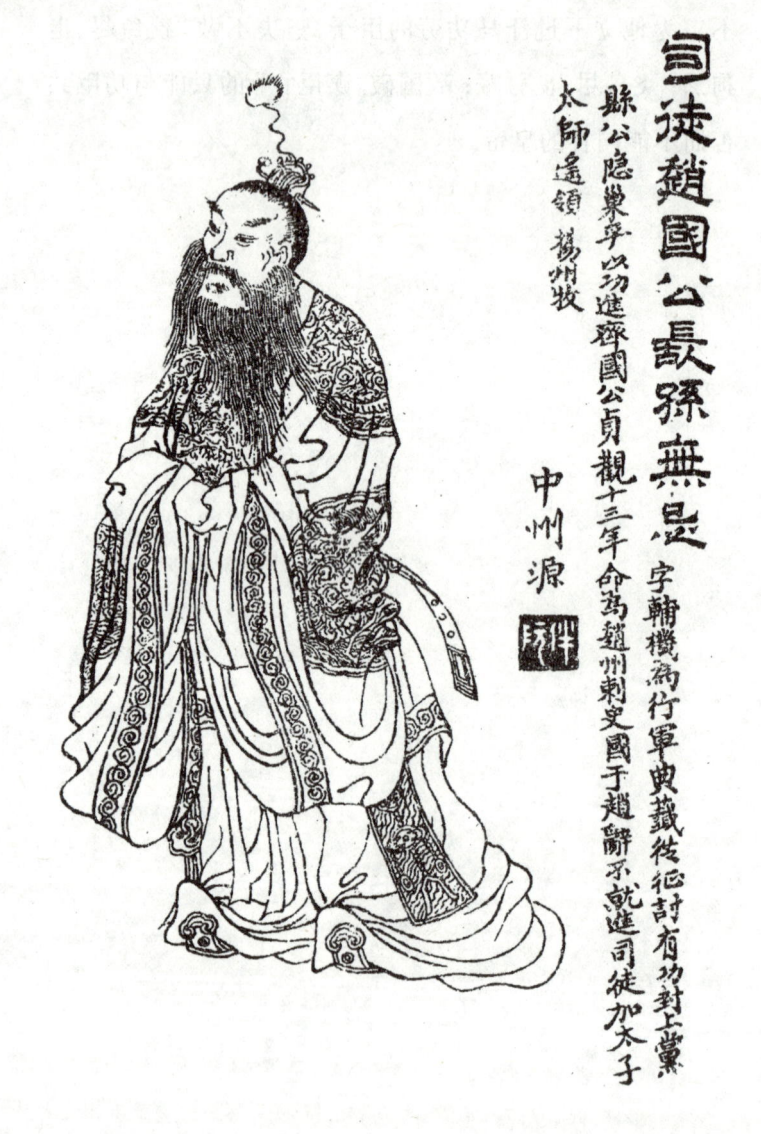

长孙无忌

（〔清〕刘源绘《凌烟阁功臣图》，1884年石印本）

第四章 | 千古明君

司空河間王孝恭

西平懷王安次子也從擊朱粲蕭銑有功封趙郡王偷輔公祏平江南以功進左僕射楊州大都督貞觀十三年命為觀州刺史王河間辭不就年五十贈司空揚州都督及諡

李孝恭

（〔清〕刘源绘《凌烟阁功臣图》，1884 年石印本）

139

杜如晦

([清]刘源绘《凌烟阁功臣图》,1884年石印本)

第四章 | 千古明君

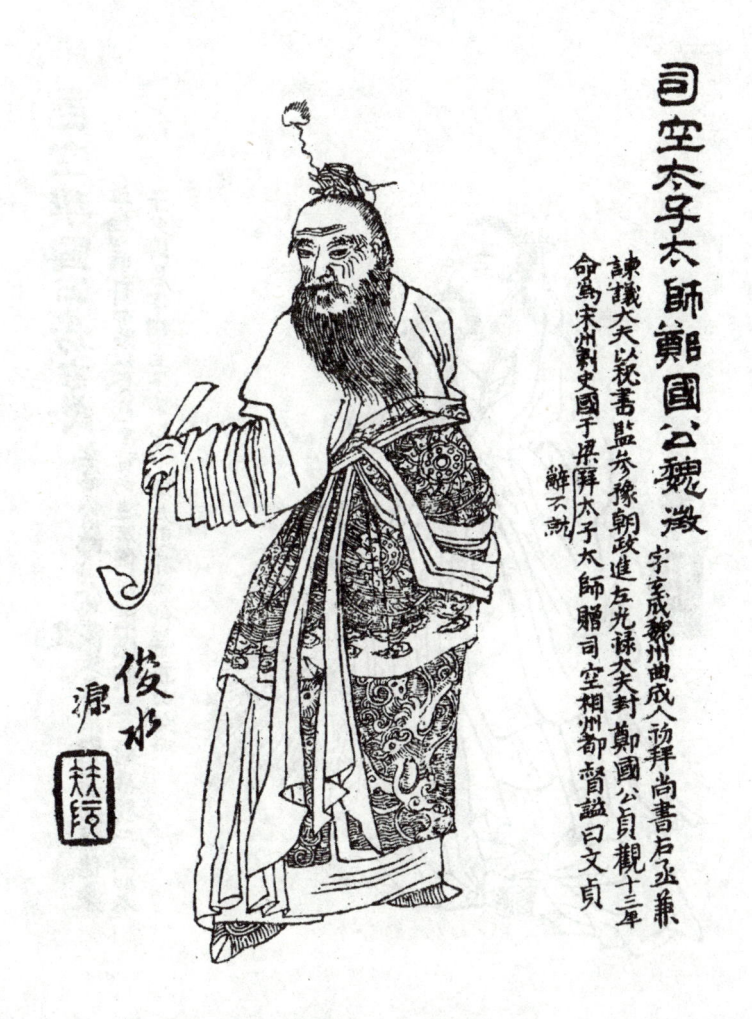

魏 徵

（[清]刘源绘《凌烟阁功臣图》，1884年石印本）

房玄龄

（〔清〕刘源绘《凌烟阁功臣图》，1884年石印本）

第四章 | 千古明君

高士廉

（〔清〕刘源绘《凌烟阁功臣图》，1884年石印本）

開府儀同三司鄂國公尉遲敬德

朔州善陽人名恭累征有功以平隱巢亂授右武大將軍封吳國公食封千三百戶貞觀十三年命為宣州刺史國于鄂驊不就歷鄜夏二州都督年七十四諡曰忠武

尉遲敬德

（〔清〕劉源繪《淩煙閣功臣圖》，1884年石印本）

第四章 | 千古明君

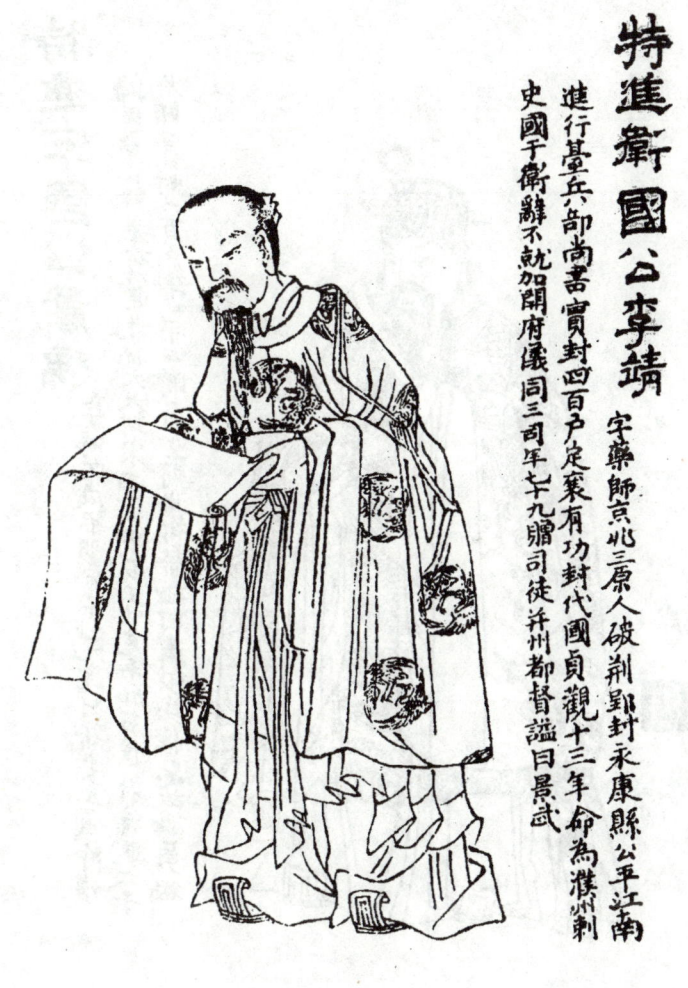

特進衛國公李靖，字藥師，京兆三原人。破荊郢封永康縣公。平江南，進行臺兵部尚書，實封四百戶。定襄有功，封代國員。觀十三年命為濮州刺史。國于衛辭不就加開府儀同三司。年七十九贈司徒并州都督諡曰景武。

李　靖

（〔清〕刘源绘《凌烟阁功臣图》，1884年石印本）

萧瑀

([清]刘源绘《凌烟阁功臣图》,1884年石印本)

第四章 | 千古明君

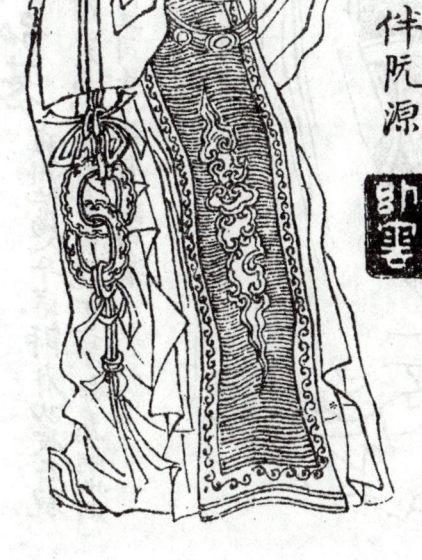

輔國大將軍褎國公段志玄

齊州臨淄人破竇建德平東郡以功進左驍衛大將軍封樊國公實封九百戶貞觀十二年命為金州刺史國于褎辭不就加鎮軍大將軍贈輔國大將軍諡曰忠肅

伴阮源

段志玄

（〔清〕刘源绘《凌烟阁功臣图》,1884年石印本）

刘弘基

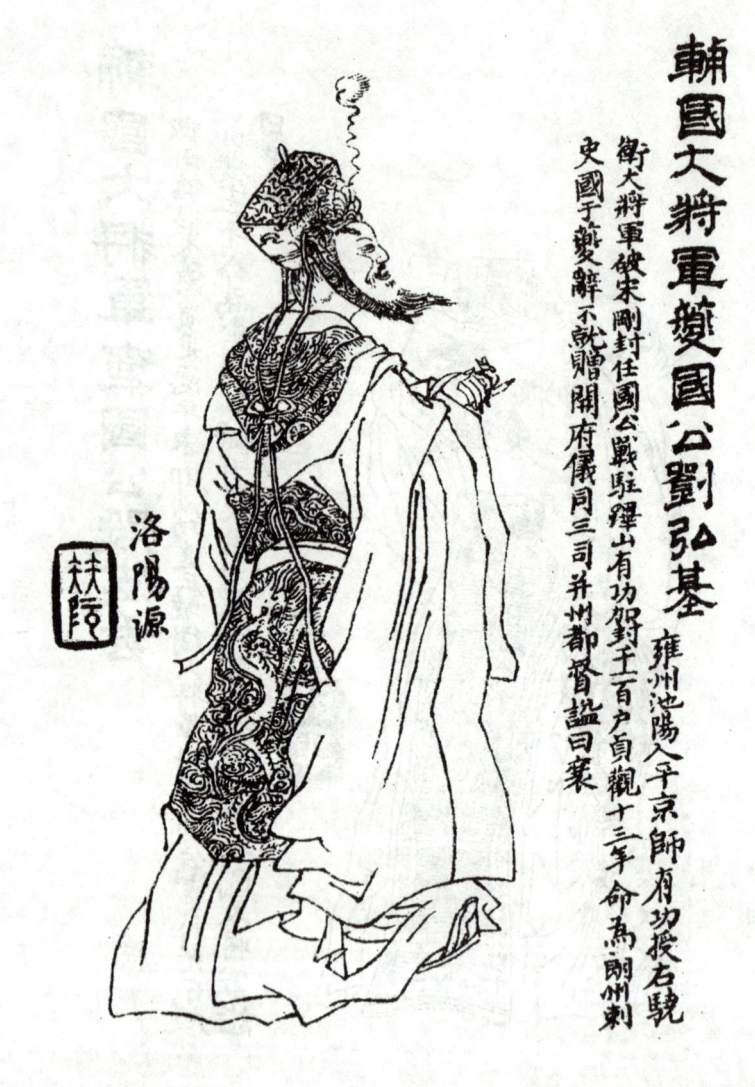

（［清］刘源绘《凌烟阁功臣图》，1884年石印本）

第四章 | 千古明君

屈突通

（〔清〕刘源绘《凌烟阁功臣图》，1884年石印本）

陕东道行台右仆射郧国公殷开山

名峤世居江南徙居京兆为鄠人破卫文昇赐爵陈郡公平薛仁果进陕东道行台兵部尚书讨王世充有功封郧国公赠右仆射谥曰节永徽中加赠司空

殷 峤

（〔清〕刘源绘《凌烟阁功臣图》，1884年石印本）

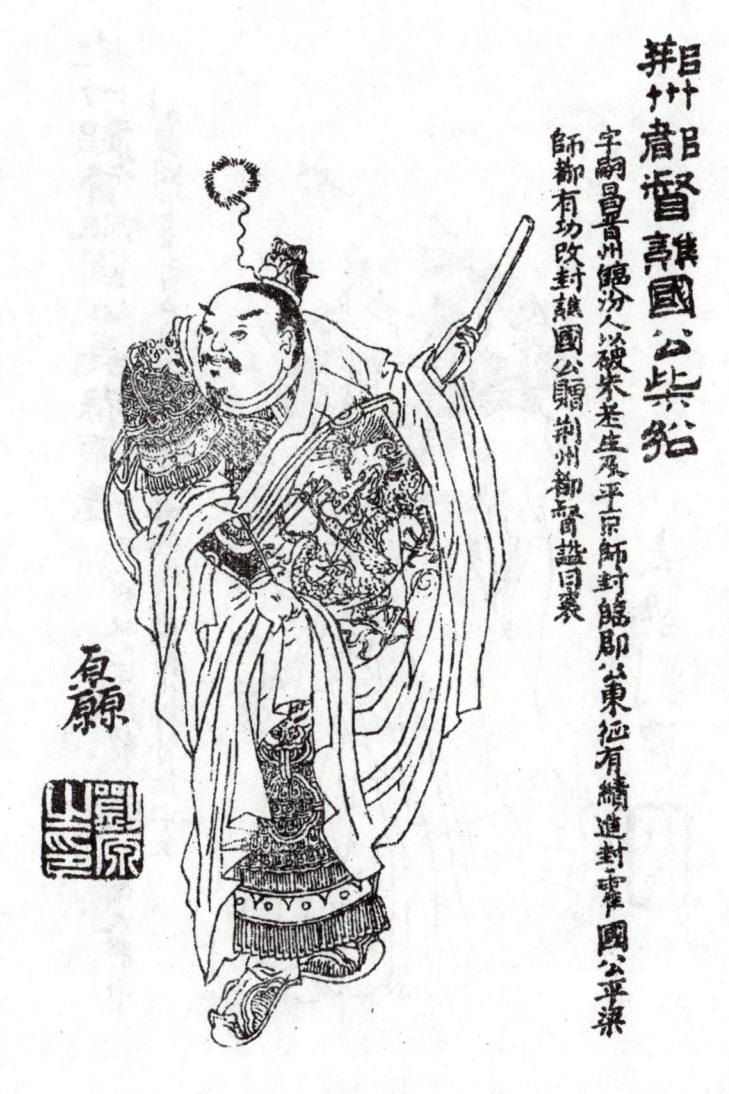

第四章｜千古明君

柴绍

（〔清〕刘源绘《凌烟阁功臣图》，1884年石印本）

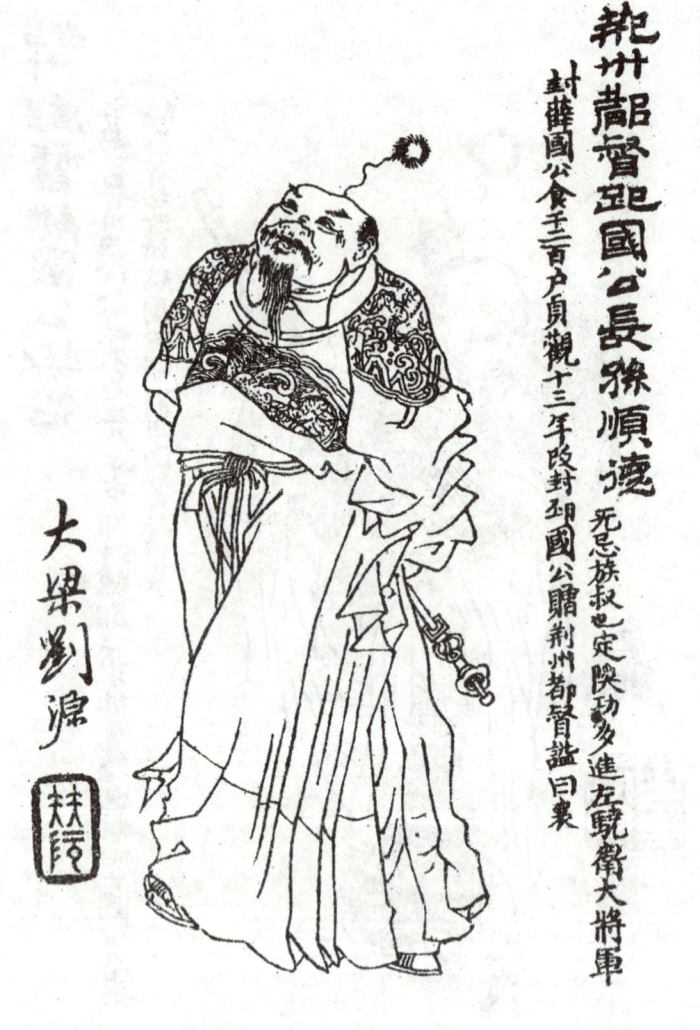

长孙顺德

([清]刘源绘《凌烟阁功臣图》,1884年石印本)

第四章 | 千古明君

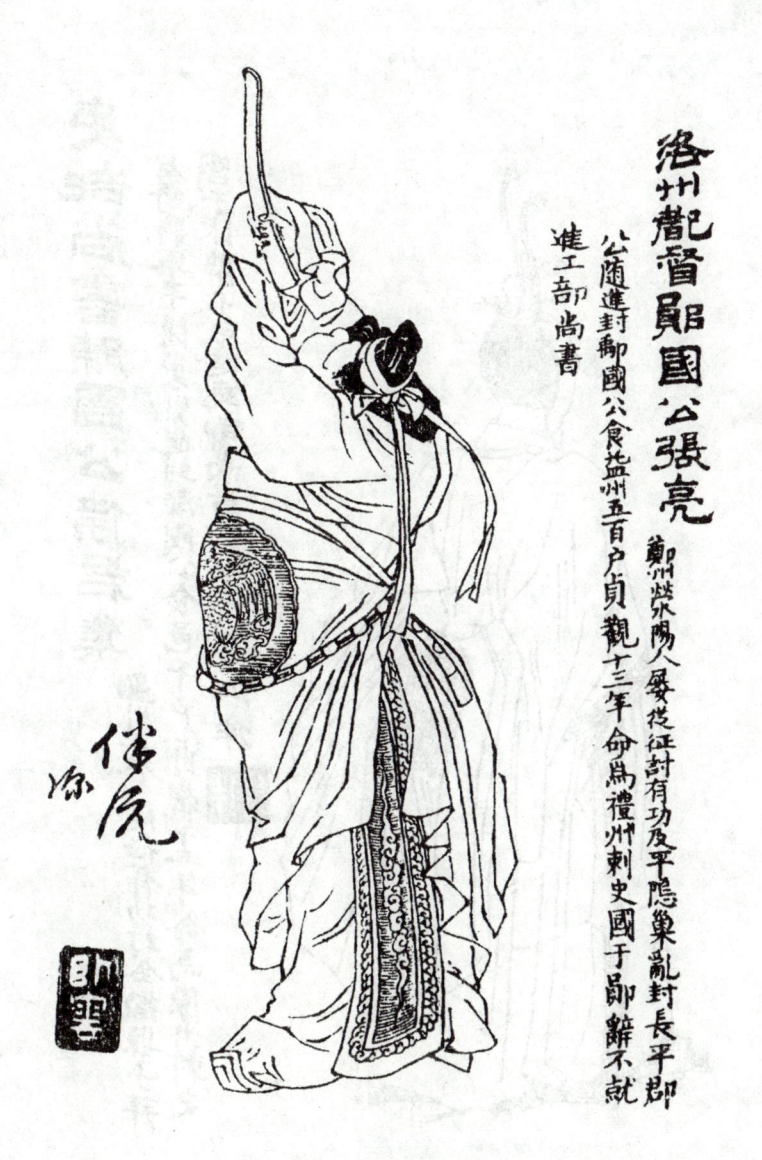

洛州都督郧国公张亮

郑州荥阳人，娶慈征封有功及平隐巢乱封长平郡公，随进封郧国公，食益州五百户，贞观十三年命为洛州刺史，国于邸辞不就，进工部尚书

张 亮

（〔清〕刘源绘《凌烟阁功臣图》，1884年石印本）

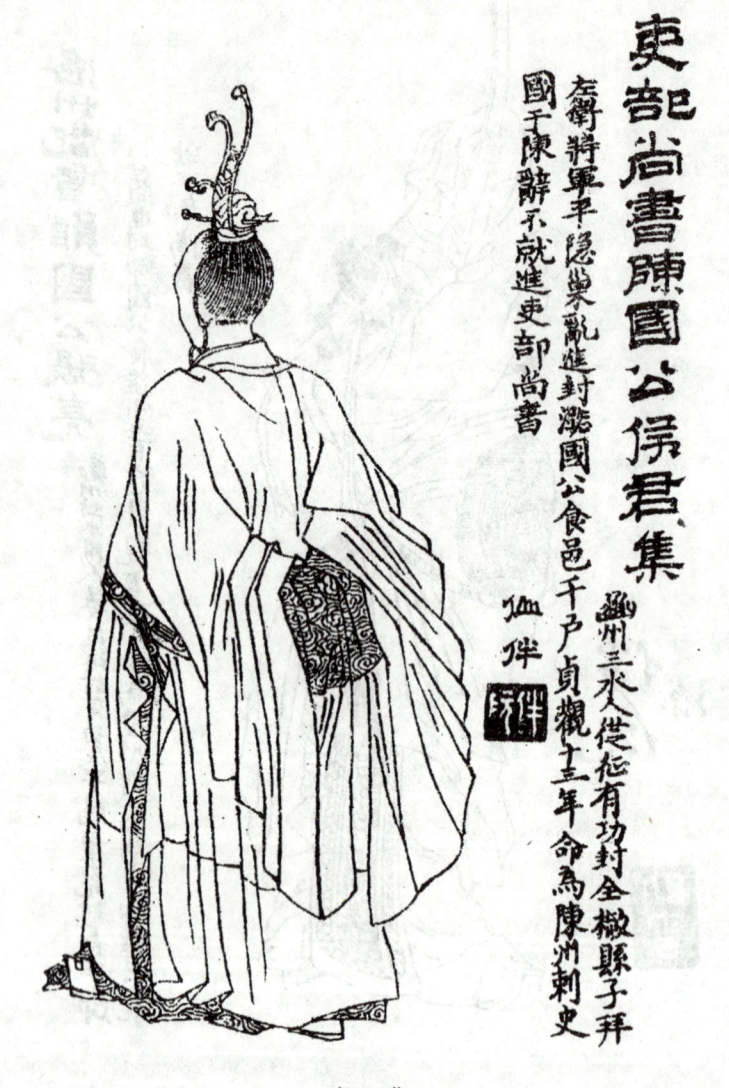

唐太宗传

吏部尚书陈国公侯君集

左骁卫将军,早隐卫,既进封潞国公食邑千户,贞观十二年命为陈州刺史国于陈辞不就,进吏部尚书

幽州三水人从征有功封全椒县子拜

侯君集

([清]刘源绘《凌烟阁功臣图》,1884年石印本)

第四章 | 千古明君

张公谨

([清]刘源绘《凌烟阁功臣图》,1884年石印本)

唐太宗传

左领军大将军卢国公程知节 本名咬金济州东阿人以平
宋世充宝建德王世充有功封宿国公实封七百户贞观十三年命为晋州剌
史国于卢赠骠骑大将军益州大都督

猿仙

程知节（本名程咬金）

（[清]刘源绘《凌烟阁功臣图》，1884年石印本）

第四章｜千古明君

礼部尚书永兴郡公虞世南　越州余姚人初授散骑侍郎弘文馆学士敕秘书监封永兴县子随进封县公加银青光禄大夫年八十一赠礼部尚书谥曰文懿

天台子

虞世南

（〔清〕刘源绘《凌烟阁功臣图》，1884年石印本）

刘政会

（〔清〕刘源绘《凌烟阁功臣图》，1884年石印本）

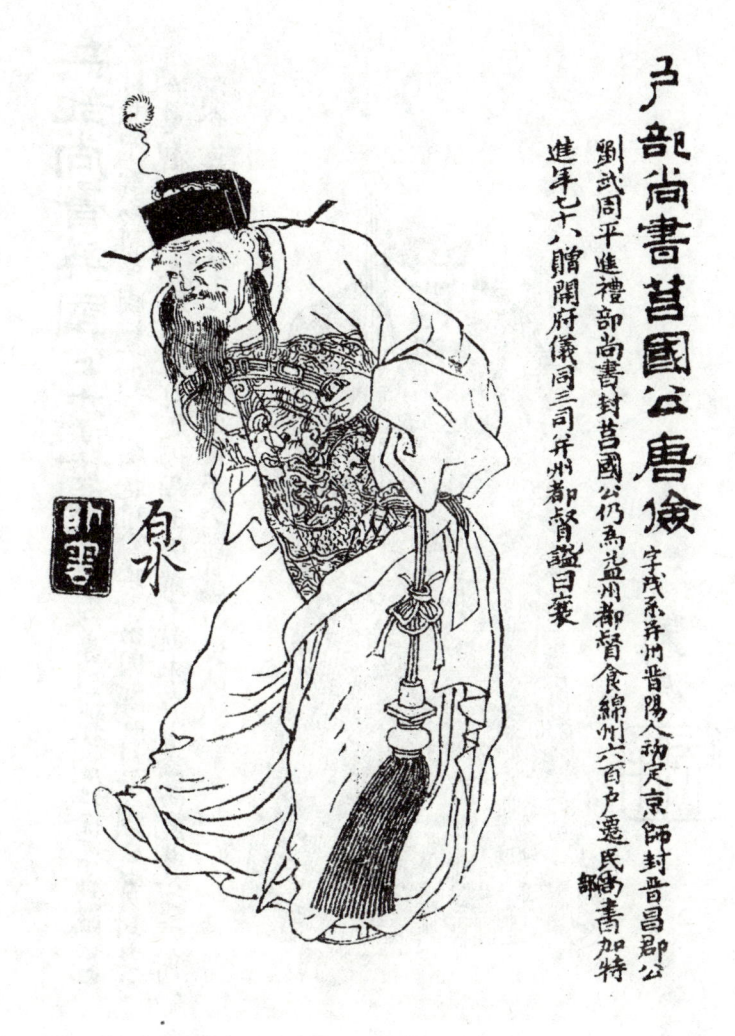

第四章 | 千古明君

唐俭

（〔清〕刘源绘《凌烟阁功臣图》，1884 年石印本）

兵部尚書英國公李達勣 字懋功曹州離狐人本姓徐于其後賜姓也以積石山戰功封英國公平劉黑闥進封齊陰王勣固辭乃封曹國公實封九百戶貞觀十三年命為蘄州刺史仍國于英辭不就永徽中論高麗準太子太師贈食邑壹百戶年八十六贈太尉揚州大都督諡曰貞武

劉源

李　勣

（〔清〕刘源绘《凌烟阁功臣图》，1884年石印本）

第四章 | 千古明君

秦叔宝

（〔清〕刘源绘《凌烟阁功臣图》，1884年石印本）

魏徵病逝

当画像快绘好时,魏徵病得很严重。唐太宗去看望他时,他那张劳累过度的脸庞,因蒙上层死灰色而变得更难看,唐太宗忍不住心中一酸落下泪来。魏徵用虚弱的声音给了唐太宗最后的忠告。他说:

贤者和愚者同样都有欲望和喜怒哀乐的情感,不同的是贤者能控制这些七情六欲,愚者却办不到,这就是贤愚的差别所在。陛下您有崇高的圣德,又时常以隋朝的覆亡为戒。现在虽处太平盛世,仍不要忘了危急的时候,做任何事都要谨慎小心,但愿您今后能更进一步地自律,使这份美德有始有终完整无缺。若能做到这点,我相信天下生民世世代代都能蒙受您的恩泽的。

唐太宗恭谨地凝听,点头哽咽地说:

您的教诲我会牢牢地记住,别人都说你行为放肆,对我没有一点儿礼貌,那些人哪能知道你耿直无隐的劝诫给了我多大的帮助!这世间只有我才能从你那毫不通融的神色中,看出忠贞感人的一面啊!

贞观十七年(643年)年底,魏徵去世了,享年64岁。唐太宗哀痛欲绝,不但废朝五日,还加赠司空、相州都督等职位,颁谥号文贞,陪葬绍陆。

出殡那一天,唐太宗更命羽葆鼓吹,班剑40人列队送葬,又赠陪葬品绢布千段、米粟千石,可以说是备极哀荣。这时,哀容满面的魏夫人却神色坚定地请求唐太宗收回这些奢华的物品。她说:

> 先夫出身贫寒,生性俭朴,今日以这一品官职以及这些奢华的珍品陪葬,这绝不会符合先夫的志愿。请陛下原谅我的直言,但是俭朴的用具是先夫一向用惯的,请陛下收回这些华丽的东西吧。

唐太宗答应了,原本极其隆重的权臣葬礼,一变而为无文彩饰物、布车载柩的平民式葬礼。

唐太宗无限凄楚地感叹道:

> 古人说:"把铜片磨亮了做镜子,可使人看出自己的衣貌是否整齐;拿历史上的事做镜子,就可以知道朝代兴盛、消亡的原因;用人来做镜子,就可以看出自己行事的缺失与成就。"我常常以这三面镜子做自己行事的准则,如今魏徵不在了,我已失去一面明镜了!

唐太宗传

皇子间争位

接着,又发生了一件令唐太宗痛心疾首的事。当年李世民兄弟争位残杀的事件,而今又出现在唐太宗的儿子身上。唐太宗的长子李承乾是个昏庸无能的人,其他的兄弟并不把他放在眼里,唐太宗也很不满意他那窝囊畏缩的态度,经常当众教训他。李承乾因此一直担心唐太宗会废掉他,就听信一些大臣的教唆起兵谋反了。事情败露后,唐太宗又是心痛又是气愤。

"你为什么造反?你是皇太子,日后这帝位一定是你的,你为什么不安分,非跑出来制造事端,到底是什么原因?"唐太宗越想越气,声色俱厉地责问李承乾。

"我哪里想造反,还不是老四欺人太甚,逼得我无路可走,我才和大臣们商量如何解决掉他。如果我不杀他,他就要杀我了。"李承乾急忙为自己辩白,他所说的老四是唐太宗的四儿子李泰。由于李泰才思敏捷,行事果断,很得唐太宗的欢心,日久不免恃宠而骄,不但时常借故去嘲弄他大哥,更暗中收买臣子想再来次玄武门政变,夺得太子的地位。

"这都是我教子不严的后果!"唐太宗心痛如刀割,

自己的儿子自相残杀,这是人间最悲惨的一件事,他不禁想起当年玄武门之事,"当年我父亲该有多难过啊!你们不明了当日的情形,动不动就拿玄武门之变来作例子,不肖子啊,不肖子!"唐太宗喃喃低语,泪水不禁簌簌而下。

"从小大家都说你没用,要我废了你。我为顾全体制没有应允,总希望你能有所建树,没想到你这么不争气,自己搬砖头来砸自己的脚,现在我就是想成全你也没有办法了!"唐太宗边说边叹息,他心中深刻体会到皇家为争权夺利而骨肉相残的苦楚,以及生为帝王家族的可悲。

"为李承乾策动事变的是谁?"唐太宗问群臣。长孙无忌连忙回答说:"是侯君集。"不一会儿侯君集就神态狼狈地出现在大殿上。这名勇将在跟随唐太宗东征西讨期间,曾建立不少功劳,近几年更在平定西域、塞北的战事上有辉煌的成果,他便沾沾自喜,自认为是唐朝第一大功臣,对屈居在李靖、房玄龄等人的下位感到十分的不甘心,就自动加入了李承乾的谋反阵容中。

唐太宗望着这位患难老友,感到一阵心酸和心痛,他声音沙哑地问:"君集,这么多年了,你一直是我得力又忠诚的部将,你的功勋更是人人敬仰。你究竟有什么苦衷,要帮太子谋反,把多年建立的名誉毁于一旦呢?不值得,

太不值得啊！君集,我到底做了什么对不起你的事?"

悲痛责问的话语,一字一句敲击在侯君集心中,这位被狭隘的功利主义蒙蔽心灵的虎将,终于被唐太宗的赤诚感动了。他说不出任何理由,跪在地上哭着说:"陛下,您杀了我吧,我是鬼迷心窍啊！您杀了我吧,我错了,我太对不起您！"

唐太宗涕泗纵横地说:"太子谋反我不难过,你背叛我,才真是叫我伤心欲绝。你知道吗?你所犯的罪是要株连九族的。"侯君集恳求唐太宗放过他的家人,唐太宗答应了。一代大将就这样走向他人生的最后一步,这应是他当初谋反时未曾料到的,所以,人生许多际遇与变化往往就在一念之差。

天下不能一日没有王储。唐太宗处决了侯君集,将太子贬到冷宫后,心中虽是疲惫伤神到极点,但仍强打起精神,为日后的接班人选召开会议。长孙无忌向唐太宗推荐了晋王李治,他说晋王虽然比较文静、温和没大魄力,却是最孝顺、最明理的,立一名懂得孝道的皇太子,比立一名有才无德的君主要好得多。

唐太宗却很中意聪明有才干的四子李泰。宰相房玄龄劝道,太子造反的事情和四皇子脱不了干系,不处罚四皇子已不太合理,如今还要立他做王储,岂不是鼓励宗室造反。唐太宗觉得很有道理,最后认同了长孙无忌的

第四章 千古明君

建议。

　　一场乱事就此平息,李承乾和李泰都被打入冷宫。凌烟阁中的画像也已经完成,望着一幅幅栩栩如生的图像,唐太宗心中只有哀痛与无尽的叹息。

唐太宗传

不拘一格发展儒学

军事方面的成就是唐太宗执政生涯中最灿烂的一页,他不但收服四夷,还使得唐朝的版图成为历代朝代中最宽广的一个。但是,文治方面的功勋也是唐太宗治理大唐中耀眼光辉的一页。

唐太宗即位后,先把原本设在秦王府的十八学士馆扩充为弘文馆,招募天下有学识的读书人到府中共商国是,让他们充分发表对政治民情的看法,并提出建议和策略。唐太宗经常到馆中听取各方的意见并参照他们的建议决策。

某天,唐太宗和几个亲近的大臣商讨用何种学说治理国家最好。唐太宗认为,儒家是最合乎中道的学说,不管在什么时候都能适用,本朝的学术思想中心应该仍以儒家学说为主。宰相房玄龄也十分同意,他说起汉武帝罢黜百家独尊儒术的道理和取得的成效,认为应尊儒学为大统。

话还没说完,杜如晦就摇手插进来说:"不可以,不可以,那多小家子气。收纳百江才能成大海,只读一家学说未免限制了读书人的眼光与心胸。"

第四章 千古明君

"你们两人不要太激动,我的意思是本朝的正统思想以儒家学说为准则,至于诸子百家的学说既能流传下来,当然是有价值的,怎么会把它们全部否定呢?"唐太宗连忙解释,免得有人再插进来争论。

"陛下,现在有一个问题,就是这些古籍太深奥了,除了大儒学者以外,一般百姓很难看得懂,这对文化的推广一定会有影响的,该如何解决这问题呢?"孔颖达在一旁问。

唐太宗沉吟了一会儿,说:"以往只有贵族子弟才有机会读书,我觉得这规定太不合理,我希望普天下渴望识字读书的人都能受教育。这件事实施起来当然有很大的阻碍,但我非做成功不可,因为这对百姓有利无害,你们就这方面提供点儿意见吧。"

"创设学校倒不难,困难的是师资的来源以及简易的教科书的编撰。如果能有简易的教本,想读书的人只要识字便能在家自修,那岂不是件好事吗?"颜师古说。

"对,要先有一套教科书,一套易懂又全面的教科书。从明天开始,弘文馆学士最主要的工作就是,将深奥难懂的经籍加以注释,并校看有无谬误漏失的地方。"唐太宗当即决定解决办法。

从贞观三年(629年)开始,整理古籍的工作便紧锣密鼓地展开了。不多久,颜师古等人就将考订后的五经校正本颁布天下,使天下人都有齐备的教本可以研读。唐太宗又命令颜师古、孔颖达、王恭、王玖、司马才章等人合撰《五经正义》,将五经中的疑难词句统一加注。经过这一番整理,上古的典籍才以另一番新面貌出现。

"这样,考试录用人才才能有一定的依据。"唐太宗高兴地说,但一转念他又轻皱眉头,"不过,现在又有一个新的问题出现了,我们要用什么方法使百姓能轻易地了解本朝的思想重心在儒家呢?"

"那只有用实际的行动、具体的表现,才能使人民一目了然。"虞世南说。

"实际的行动、具体的表现?"唐太宗沉吟着,"我已经命人把五经都整理分类了,又在各个州县设立学校,难道这不是实际行动,不是具体表现吗?"

虞世南连忙说:"可是您并没有特别标榜儒家。我的意思是将儒家从诸子百家中特别提出来,给予最崇高的地位。"

"那其余各家的学说呢?"

"当然并存,但以儒为中心,正如五经中陛下认为礼的影响力最大,特别命博士官撰五礼,但其他的经书并不因此就被抹杀了价值啊!"虞世南进一步地解释,"首先在国学中建立孔子庙堂,尊儒家的代表人物孔子、孟子为圣人,再征聘各地的名儒到国学中讲课。陛下您最好能亲临听讲,这不就很明显地告诉人民,本朝是如何重视儒学了吗?"虞世南陈述他的意见。

"还有,我们可以把前代有名望的儒学大家,像左丘明、子夏、伏胜、戴圣、毛苌、孔安国、刘向等人都入祀进孔子庙堂,这样可使现代的学者有一个确切的目标,并明了思想的重心所在。"孔颖达也提供了他的见解。

"很好,这是个可行的办法,我立刻叫人着手去做。"唐太宗立即叫人将这些意见记录下来,又说,"不观史不知古今成败,前两天我翻查史籍,发现两晋南北朝还没有正史,而且北周和隋朝的史料也脱损了不少,如果不赶紧将这些史料汇编成册,恐怕过不了多久这些东西都要湮没了。"说到这儿,唐太宗的脸色不禁凝重起来。

他接着说:"史官是直言不隐的,当初孔子修春秋一字褒贬的成效,今日仍可从史书中看出来。了解各个朝代的兴替、得失,只有从史书着手。我们一定要将历史上发生过的事,翔实地记载下来,一来表示对前人的追念,二来可给后人作借鉴。"

"陛下说得对,两晋南北朝的变迁是少见的大变动,其中有许多的借鉴足以供后人警惕,当然要把它们写下来。"房玄龄、令狐德棻在一旁点头赞成。

"这整理编撰史料的工作就交给你们两人啦!"唐太宗笑着对德棻说,"好好地写,人手不足的时候,叫我一

声,我的学问不好,但抄写的工作相信还能胜任。"

"陛下,您不必太客气,到时您别推托就好了,怎能不借助您的长才呢?"玄龄和令狐德棻笑着说。由于唐太宗一向以诚心对待部属,再加上大家日夜一起研究学问,君臣间的关系就像朋友一般。

君臣同心一意整理史籍,没几年,由令狐德棻、岑文本、崔仁师合力编著的《周书》,李百药编著的《北齐书》,姚思廉编著的《梁书》《陈书》,魏徵编著的《隋书》,以及李延寿独力编撰的《南史》《北史》,便陆续顺利地完成了。

贞观十八年(644年),唐太宗宣房玄龄和褚遂良入殿说:"经过这么多年的努力,我们已完成了不少史册。不过,我总觉得臧荣绪的《晋书》不够完善,因为两晋在学术思想及生活形式上是最富创意、最多变化的朝代,如果不翔实地将这些人物故事记载下来,后人就无法领略到先人在思想、生活上曾有过的一大变革。"唐太宗感慨地说。

"陛下该不是爱屋及乌,因为喜欢王右军的字,连带地喜欢上那个朝代?"房玄龄以玩笑的口气问,唐太宗爱好晋人王羲之的字是众所周知的。

"你要这么说也对。"唐太宗笑着回答,"事实上那本书很有修整的必要啊!"

玄龄正色说:"陛下您说得有理,我和褚侍郎会立刻开始动手的。"

不久后,一部完备的《晋史》在唐太宗君臣的策力下完成了,其中对司马懿、司马炎、陆机、王羲之四人的论赞是唐太宗亲自动笔写成的。在唐太宗的大力推动下,儒家中庸、笃实的入世思想击倒了魏晋南北朝时盛行的属于玄学方面的出世思想。科举制度为寒门子弟开启了一条上进的途径,击垮迂腐狭隘的门第主义,一股全新的文化气息散遍这块广大的领土。

在这种风气之下,还大大发展了中华文化遗产之一的唐诗。

值得一提的是,贞观初年,唐太宗下令编辑《群书治要》。这部书不仅开创了著名的"贞观盛世",而且还远渡重洋,被日本天皇和臣子奉为圭臬,创造了日本历史上的两朝盛世。《治要》一书撷取经、史、诸子百家中有关修身、齐家、治国、平天下的精要,汇编成书。

贞观十八年(644年)前后,唐太宗的政治生涯已到达巅峰,无论内政还是外交上的成就,都是超越前朝、令人震惊的。这些成就随着领土的扩充发挥出万丈的光华,更在无形中融合了许多民族。

当时,由这股强大而无形的力量统治的王国跨洲越海,比唐太宗实际拥有的版图更广大。东边从倭国(今日本)、高丽、百济、新罗到现今的东北各省;北边到达现在

唐太宗传

的内外蒙古和西伯利亚;西方包括了今天的中亚、印度等地,甚至到达了欧亚的门户拂菻(就是历史上的东罗马帝国);南边控制了整个南海地区。

偏远落后的民族在接触到唐朝的灿烂文化后,就忍不住被吸引了,不仅到长安学习典章文化、学术思想,也将他们的特殊文化风俗传到唐朝。在频繁的交流中,各种文化、思想在长安城中被搅碎、调匀,融合成一种国际性的新思潮,这种新思潮更开阔了唐人包纳各色人种、各种文化思想的胸襟,因此创造出睥睨古今、雄浑豪迈、多彩多姿的盛唐世纪。

西去取经的玄奘

隋朝时,佛教具有一股强大的社会力量,借势农民起义建朝的唐朝统治者对此有很大的感受。因此,唐代诸帝从政治的角度考虑都很支持佛教的发展。但是,僧人和百姓在阅读佛经中遇到了很大的困难,当时可看的佛经数量又很少。这时,就有一位僧人主动要求去西方取经,他就是玄奘。

玄奘,通称三藏法师、唐三藏,唐僧是他的俗称。玄奘出生在读书人家,幼年受父亲教导学习经书,对儒学略知一二,少年时在洛阳净土寺出家当和尚。他四处学习佛法,感到各家对佛教宗旨,或者说得不明不白,或者说法不一。他想寻根究底,就想到佛教的发源地去拜访名师,寻求经典,于是决心取道西域去天竺(今印度)求学。

贞观三年(629年),玄奘从长安出发。他先是向西走至今中亚国家地区,然后再南下到达天竺。当时唐朝国力尚不强大,与西北突厥时有争战,因此禁止百姓私自出关。玄奘怕白天被官兵捕捉,便夜晚行路。但是玄奘下定了西行的决心:不到天竺,终不东归,纵然客死于半道,也决不悔恨。

贞观十九年(645年),经历了十几载春秋,玄奘从天竺携带657部梵文经书,返回到长安。回长安后,他不仅为百姓传授佛经教义、翻译佛教典籍,还著有《大唐西域记》。

《大唐西域记》记载了玄奘亲身经历和传闻得知的138个国家和地区、城邦,包括今阿富汗、伊朗、巴基斯坦、印度、尼泊尔等地的情况。内容非常丰富,有各地的地理形势、水陆交通、气候、物产、民族、语言、历史、政治、经济、宗教、文化、风俗习惯等方面的叙述,特别是对各地宗教寺院的状况和佛教的故事传说,都作了详细的记载。记事谨严有据,文笔简洁流畅。这本书对研究古代中亚及南亚的历史、考古,有非常重要的参考价值。唐太宗还亲自为这本书作序,并命怀仁和尚以王羲之的字体刻在石上,这便是后世闻名的《大唐三藏法师圣教序》。

取得《兰亭序》真迹

唐太宗不仅有军事、治国才能,还十分喜欢书法,尤其喜爱王羲之的书法,并亲自撰写《王羲之传赞》,确立了王羲之书法在初唐独尊天下的地位,并决定了初唐书法的发展方向。在专门设立的教育机构国子监里,书法是学习内容之一,还设书学博士执教,实行以书取仕的重要举措。科举中书法独占一科,选官员也不例外。唐太宗是历朝皇帝中书法最好的一个。

一天,唐太宗在玄武门宴请三品以上的官员。褚遂良问唐太宗说:"陛下,人家都说字要写得好,就需要勤练,但您早年戎马奔驰少有时间习字,为什么您却能写一手好字呢?"

"你认为我这屏风上的字写得很好吗?"唐太宗一边端详自己在屏风上写成的草书,一边说,"书法是一门不能急就的学问,一定要有恒心,一笔一画用心地写。只要肯用心,即使花少许时间也能有好成绩。其他各种学问也一样,只要专心一意,成果一定比花许多时间却漫不经心的人来得好。你赞成我的说法吗?"褚遂良点点头。

唐太宗又接着说:"我临古人的帖子,专从字的骨力着手,你们一般都先学架构,对不对?我认为字的好坏在于字体间的神气与骨力,只学得一个空架子,看起来很像,再看就不是那一回事了,怎能写得好呢?所以,我就从书家的骨力所在开始模拟,知道这个字的神气所在,写的时候架构就会自然呈现出来了。"

"怪不得陛下的字这么遒劲有力!"虞世南也赞不绝口。

听到诸臣的称赞,唐太宗不禁得意起来,他随即要赠给大臣们几幅字。在座的群臣欢呼起来,他们都希望能得到御笔亲书的墨宝。唐太宗笑一笑,拿起蘸饱了墨汁的毛笔,便开始在宣纸上以"飞白体"书写起来,一张张酣畅淋漓的墨迹陆续传到群臣手中。起先,大家还按部就班地守秩序,而后一些沉不住气的臣子因担心得不到字便开始骚动了,你推我、我挤你,大厅上闹成一团,臣子们带着微微的酒意四处追逐抢夺起来。

忽然传出一阵惊呼,大厅顿时寂静无声,所有人都吓了一大跳,眼睛直视着唐太宗所坐的地方。

"陛下,臣子该死,请陛下饶命。"只见散骑常侍刘洎跪在唐太宗面前,连声哀求着,手中还拿着一张唐太宗刚写好的字。原来,刘洎东抢西夺都抢不到字画,又被其他的人挤到最前面,一眼瞧见唐太宗刚写好一张字,便迫不及待地冲上前去一把抢了过来。等听到唐太宗发出惊呼时,他才发现自己居然已经爬到皇帝的御椅上。

第四章 千古明君

"罪不可赦,胆敢爬到皇上的座椅上,太大胆、太无礼了!"一些恪守礼法的臣子在一旁怒骂着,联合起来要求唐太宗严办刘洎。

"不必认真,如果真要追究责任,那错都在我,我不该不顾君臣礼法和大家在一块儿玩乐。要治罪的话,我也逃不了干系。再说大家在一起轻松一下,偶尔失礼是无妨的。"唐太宗丝毫没有在意。但是有些大臣还是不同意不处罚刘洎。

唐太宗明白这些臣子的心意,但他不愿破坏这宴会的欢乐气氛,也不愿为一点儿无心造就的小事件惩罚他的部属,所以笑着说:"汉朝时,班婕妤曾经拒绝和皇帝同坐一车,后世的人都称赞她深明礼仪,却没人说她违背皇上意旨应当论罪。今天咱们有常侍爬到皇帝椅子上的事件,我不治他的罪,也许日后可和班婕妤相提并论呢。"一场纠纷因此平息,宴会得以圆满结束。

在书法方面,唐太宗最脍炙人口的故事,莫过于从辩才和尚那里骗取《兰亭序》的经过。

《兰亭序》是东晋大书法家王羲之最得意的作品,据说是他醉酒后信笔挥毫而成的,酒醒后无论怎么临摹,都无法写出那股气势与韵味,所以这件作品就更加珍贵。王羲之的行草迄今仍被认为是书道上的瑰宝,自古以来喜爱王字的人不知有多少,唐太宗就是其中的一位。他不但临写王羲之的字体,更收集了他所有的书帖,可惜的是,《兰亭序》并不在内。对唐太宗而言,这不啻是拥有一个豪华精致的珠宝箱,却缺少一枚光辉灿烂的宝石来点缀一般,怎么想都存有一分缺陷。

"我非得到《兰亭序》真迹不可,王右军的字帖我都收罗齐全了,就是缺少这最珍贵的一份,我怎么能甘心呢?"唐太宗看着空手而归的臣子失望地说。

"我们到各地去寻访,都找不到《兰亭序》的真迹。不过,听人说越州(今绍兴)有个老和尚是右军后裔智永法师的徒弟,他手上有些字画,《兰亭序》很可能在他手中。"

"哦,这个和尚叫什么名字?"唐太宗高兴地问。

"这倒不清楚,因为谣言众多,莫衷一是,属下就没去寻访求证。"臣子惶恐地回答。

唐太宗想了一想,然后说:"智永和尚拥有《兰亭序》这是大家都知道的,这个人既然被说是智永的弟子,《兰亭序》是有可能在他手中的。你们立刻去打听,如果真是智永的弟子,就邀请他到宫中小住,让我亲自来问他。"

那个和尚法号辩才,他确实是智永法师的徒弟。唐太宗把他邀请到宫中做客,待他非常亲切有礼,特地在内宫设一道场供他住宿,并不时到道场中和他聊天。

这一天谈完了江南文物、越州风光后,唐太宗以一种极不经心的神态问辩才和尚:"听说你师父曾拥有《兰亭序》真迹,不知道你看过没有?"

辩才和尚一听到"《兰亭序》真迹"几个字,心头禁不住一震,瞄了唐太宗一眼才定下神说:"看过,王右军的《兰亭序》确实是古今难得一见的佳作。气势雄浑,意兴酣醇,笔锋淋漓潇洒。"

唐太宗精神一振,抓紧辩才和尚的手大声地问:"那它现在在你手中?"

辩才和尚皱着眉想了半天,不禁摇摇头难过地说:"师父圆寂以后,就碰上战乱。连年兵荒马乱,逃来逃去,不知在什么时候把这珍宝弄丢了,更不知是丢在什么地方。"说完就陷入沉思。

"老师父你真的想不出最后一次见到《兰亭序》真迹是在什么地方吗?"唐太宗不死心地问。

"唉,我年纪一大把,记性是越来越不行了,而且那几年东奔西跑,跑过太多地方,实在是想不起来了。"辩才和尚十分自责地说。

"那就算了,"唐太宗看辩才和尚的神色不像说谎,很是无奈,"这道场是专为你准备的,你想住多久便可住多久,不过我的心愿又落空了啊!"

第二天辩才和尚就回越州去了。唐太宗闲暇时提笔写字,想起那部被他日思夜想的书帖,就会忍不住长吁短叹。

"陛下，您不要难过。据我的推断，《兰亭序》真迹一定还是在辩才和尚手上。"虞世南说。

"可是他一口咬定那真迹已经失落了啊！"

"如果已经失落了，他何必急着跑回越州呢？我不相信皇帝的内苑会比不上他的寺庙。"

"你的意思是说《兰亭序》真迹在他的庙中？"唐太宗讶异又怀疑地问。

"我想应该是，他既是智永和尚的嫡传弟子，又亲眼看过《兰亭序》真迹，当然知道那是如何珍贵的物品，岂会轻易任它流失？"

"他不肯说实话，我又不能无缘无故派人到寺庙中搜寻，这该怎么办呢？"唐太宗听见《兰亭序》可能在辩才和尚庙中，不禁心急地问。

房玄龄在一旁说："只宜智取，不宜妄动。我听说监察御史萧翼是个很机灵的人，他是南朝梁元帝的曾孙，自幼习读经书，又多才多艺，让他去和辩才和尚斗智，应该是理想的人选。"

唐太宗高兴地点点头，说道："好，就派萧翼到越州去见见那个和尚，非把《兰亭序》给套出来不可。"

江南五月，榴红似火，萧翼穿着便服出游，乘坐商船来到越州。下船以后，他换了一身山东人的装束，拿着折扇便开始四处闲逛。

第四章 | 千古明君

傍晚时分,萧翼去到郊外,发现一座古意盎然的庙宇,壁上有许多古老的浮雕刻画,就走进去观赏。这古庙正是辩才和尚住持的寺庙,萧翼来到这里当然是有意的。他沿着走廊一处又一处地仔细观看,一副读书人四处游历的模样。

"这位施主是打哪里来啊?"当萧翼走到辩才和尚住处附近时,正巧碰到他。

"晚生是从山东来的,因为运些蚕种来卖,所以才到贵宝地。听说这所古寺年代久远,特地抽空来膜拜。"萧翼客气地回答。

"山东是个好地方,我也是从那儿来的,这样说起来,咱们还有同乡之谊啊,进来坐,进来坐。"辩才和尚一听萧翼来自山东,谈吐又十分文雅,不禁雀跃万分,忙叫小徒弟准备茶水果品,要好好和萧翼把盏长谈。

这一晚,两人谈得十分投契,不但畅谈文史、字画,还下了局不分胜负的棋。

"施主真是个人才啊,像你这等人做生意岂不是被埋没了,你该去应试才对,一定可以金榜题名。"辩才和尚拍着萧翼的肩膀亲切地说。

"不瞒您说,我乃是梁元帝的子孙,严格说起来算是个没落的王孙,要我和一般平民一样去求取功名,是不可能的。"萧翼故作骄傲状。

"那你会不会作诗?"辩才和尚一听赶忙扭转话题。

"会啊,莫非大师您也精通作诗?"萧翼立即笑着答复。

"精通谈不上,喜欢倒是真的,那我们就来赋首诗,作为今日有缘相识的纪念。"辩才和尚说完就拈了个来字韵,笑着说,"我献丑了,请你多多指正。"他摇头晃脑长吟道:

初酝一缸开,新知万里来。
披云同落寞,步月共裴徊。
夜久孤琴思,风长旅雁哀。
非君有秘术,谁照不然灰!

萧翼听了一边翘起大拇指,一边佩服地说:"好!好!真是好诗,我就依刚才拈的招字韵和你一首,是东施效颦,你可别见笑啊!"他吟诗道:

邂逅款良宵,殷勤荷胜招。
弥天俄若旧,初地岂成遥。
酒蚁倾还泛,心猿躁似调。
谁怜失群翼,长苦业风飘。

刚长吟完毕,辩才和尚就端着一杯酒在一旁等候了:"好诗,值得喝一大杯,来来来,喝酒,喝酒。"一夕夜话使两人成为忘年的挚友,萧翼从此就不时到寺中和辩才和尚谈天、喝酒、下棋,两人越来越投契,开始推心置腹无话不谈。

过了10多天,萧翼又来到寺中,手里拿着一卷书帖。

"萧施主,你手中拿的是什么东西啊?"辩才和尚在寒暄坐定后问。

"您瞧,这是先祖亲笔写的职贡图。"萧翼边说边将书轴展开。

"果然是出自帝王手笔,气势宏伟!"辩才和尚端详良久,笑着说。

"晚生很喜欢字画,尤其是王右军的行草,真是绝品啊!虽然这是先祖的手迹,我仍然要说,王右军的墨迹比这要更高明。"萧翼以庄重又仰慕的语气说。

"那萧施主手上一定有王右军的墨迹吧,可否拿来给我开开眼界?"辩才和尚笑着说。

萧翼立即豪迈地说:"没问题,明天就带来请您过目,不是我吹牛,那真是一等一的杰作!"

第二天,萧翼就带着从唐太宗处借来的几幅右军真迹拿给辩才和尚看。

"怎么样,是真好吧?"萧翼得意地问。

辩才和尚沉吟了半天,笑了笑神秘地说:"是真迹,不过只能算是二流的,我手上有更好的。"

"有比这更好的?我不信。"萧翼做出不相信的神态。

这样一来辩才和尚就急了,说:"真的,出家人绝不说谎,你先说右军的字哪一幅最好?"

"那当然是《兰亭序》。"

"可不是吗!我手上就有《兰亭序》真迹。"辩才和尚神气地说。萧翼一听,心扑通扑通狂跳不已。

"《兰亭序》真迹?传闻不是说早就失传了吗?"

"那是掩人耳目的说法,"辩才和尚一边说,一边拿椅子垫高,从梁柱中拿下一卷纸,"否则人家知道这好东西在我手上肯定要来抢,连皇帝都在打它的主意。"

"你看,是不是真迹?是不是比你手上那些字好?"辩才和尚把字摊放在桌面,得意地问。

萧翼激动地说:"果然是珍品,不知大师是如何得到这稀世珍宝的?"

"这是我师父传下来的,虽然经历多场兵乱,可我一直都揣在怀里带着逃难,这东西比我这臭皮囊要有价值多了。"辩才和尚一提到《兰亭序》,话就滔滔不绝,"皇帝不知怎么听到消息,还把我传到宫里头去,我当然不肯承认《兰亭序》在我手上。"

自从把《兰亭序》拿下来见客后,辩才和尚就舍不得再把它搁在梁柱上,每回萧翼去探望他时,总见他在窗前临摹王羲之那飞扬逸致的行草。于是萧翼也拿起笔,和他一块儿临摹起来。

这一天机会终于来了,辩才和尚被一户人家请去主祭,萧翼便趁这时机,跑到辩才和尚房中把《兰亭序》真迹取走。因为萧翼是辩才和尚的好友,又不时拿字画在寺中进进出出,所以没有人怀疑阻挡。萧翼就轻而易举地将《兰亭序》真迹送到唐太宗手中了。

辩才和尚回来发现真迹不见了,急得差点儿晕过去。师徒几人正在吵闹不休时,忽听到寺外传来一声呼喊:"御史大夫到。"

"御史大夫?啊!是你。"辩才和尚站在寺前目瞪口呆地指着骑在马上的御史大夫萧翼。

萧翼连忙下马说:"真对不起,没告诉你就拿走《兰亭序》真迹,请您别生气。皇上想要看一看这真迹,你偏偏不肯,所以只好出此下策!"

辩才和尚吓得脸都白了,忙跪下来说:"皇上是不是要治我欺君之罪?"

"不会的,皇上体念您年纪大了,又是真心喜爱这珍品,他从您手中要了去还觉得不忍心,特别交代我送您绢匹3000段,谷子3000石,感谢您以生命保全这旷世的墨迹。"萧翼扶起辩才和尚,亲切地说。

"那我就放心了,请您代我向皇上致谢吧。"辩才和尚心有余悸地说。

唐太宗得到《兰亭序》真迹,欣喜异常,连忙命令赵模、韩道政、冯承素、诸葛真4个拓书名手,把《兰亭序》字迹拓印下来,送给太子近臣们观赏,自己更是随身带着真迹,随时随地尽情地欣赏临摹,甚至在遗嘱上,特别指定要《兰亭序》真迹陪葬。

唐太宗传

东征失败憾离世

自汉末以来,中原就和只有一江之隔的东邻朝鲜保持着密切的关系。南北朝的时候,朝鲜分裂为高丽、新罗、百济三股势力,但仍旧愿意称臣。虽然在某一朝代衰微没落时,高丽曾乘机发兵前来侵犯,但仍算是忠心的附属国,这种关系在唐朝时更为显著。隋朝灭亡的主要原因之一就是对高丽的连年征战使得国力锐减,民心丧失。唐高祖建立唐朝后,努力与高丽荣留王修好,还册封荣留王为辽东郡王、高丽王。与此同时,册封百济武王为带方郡王、百济王,新罗真平王为乐浪郡王、新罗王。

贞观年间,唐朝国势强盛,文化繁荣,朝鲜半岛和日本受惠最多。由于它们的文化水平不高,看到灿烂辉煌的大唐文化,都倾心仰慕,派遣许多学生到长安留学,不但使用唐朝的年历,还模仿唐朝的服饰,甚至仿照汉字造他们本国的文字。当时,它们不论是典章制度、学术思想、美术建筑、制造技艺,还是衣食居住、社会习尚、佛教宗派、寺院经典等方面,都源自唐朝,受唐文化影响最深。它们对唐朝贡纳不绝,全心归服。

第四章 | 千古明君

贞观十七年(643年),高丽权臣渊盖苏文弑君再立新主,并联合百济预备并吞新罗时,高丽与大唐的友好关系就产生了变化。

"当初渊盖苏文弑君就有人劝我发兵前去攻讨,以唐朝目前的国力要打高丽,是轻而易举的事。"唐太宗对新罗求援的使者说,"不过,我不愿意轻启战端,让两国百姓流血伤亡。现在你来求我发兵攻打,这实在很令人为难!"

"不愿轻启战端是陛下有好生之德,而且别的附属国作战我们实在没有必要发兵干涉,既然这几个附属国在名义上都归属大唐,陛下只要派人带诏书去阻止高丽的攻势,就可算尽到责任了。"房玄龄本来就不愿意唐太宗出兵攻打高丽,见唐太宗这么说了之后,连忙劝道。新罗的使者听了唐太宗君臣的话急得说不出话来,只好跪在地上不停地磕头。

唐太宗仁慈地说:"你不用急,我立刻就派人去传达停战的诏书。"

"可是渊盖苏文的大军已经包围住我国的京城了,他绝不会轻易罢战的,陛下,求您发兵救救可怜的新罗百姓吧。"那使者痛哭着哀求。

唐太宗非常自负地说:"我下的诏书他敢不听从吗?你放心好了,他绝对不敢乱来的。"

可是，事情出乎唐太宗的意料之外，渊盖苏文不但不停止用兵，还傲慢地说："这是我们朝鲜本岛的事务，不需要天朝来干涉，而且我们并不是无故出兵。当初隋炀帝进攻高丽时，新罗曾趁机夺走我国500里的土地，现在我就是要来讨回公道，如果他们不把土地还给我，就休想要我停兵。"

"这么多年前的旧事，还提它做什么？"唐朝使者不甘示弱地说，"真要这么斤斤计较，你们辽东城当初也是我国的领土，是不是也该还给我们？大唐的天子豁达大度，不发兵和你计较这些，你怎么可以违抗诏书呢？"

渊盖苏文心里却认为"山高皇帝远"，唐太宗既然派人下诏书，就是不打算出兵，大唐不出兵他还要怕什么呢？渊盖苏文一不做二不休，在双方谈判破裂后，又攻下新罗好几座城池。

这一下唐太宗真的动怒了。"他未免太大胆了，先是弑君自立新主，而后出兵破坏和平，现在又藐视大唐的诏书，太可恶了！我原先认为这是他们的内政问题，不愿干涉，没想到却成了姑息养奸，这一回我绝对不饶恕这狂妄的家伙了。"说完就命令部将们点召军队。

"陛下，请您三思而行，我们和高丽的邦交一向不错，难道要为了第三者使这友谊破裂吗？"褚遂良连忙进谏说。

第四章 千古明君

"他违抗我的诏书,这问题就不再是不切身的事了,这种行为严重地损害了大唐的尊严!"唐太宗火冒三丈,越说声音越大。正在怒吼的时候,新罗的另一位使者又上前报告高丽的攻势,这无异于在一把火上浇了一桶油。褚遂良又劝道,与高丽大动干戈的话,对我们的百姓是没有好处的,请唐太宗三思而行。

"自前朝迄今,我们一直没对朝鲜用兵,所以他们才敢如此小看我们。既然要出兵,就要速战速决,不要拖延误了先机。"任兵部主管的李勣也赞成出兵。

"他未免太小看我的朝臣了,"唐太宗得意又自负地说,"我的臣子不论文武,个个都是第一流的。其实,遂良的意见也是很宝贵的,只不过是目前不适用罢了,大军立刻出发吧。"

营州都督张俭,率领幽、营两州的驻军和契丹等部落的军队,浩浩荡荡地向辽东进军。无奈天不从人愿,辽河河水突然暴涨,所有的军队都被洪水困住无法前进。河水退了以后,粮草快用完了,大队军马只好班师回朝重新再编整。

尉迟敬德听了这消息,急忙地跑到唐太宗面前请求他打消出兵的念头。他觉得不该轻易发动战争,这对谁都没好处,这场洪水也许就是老天爷的旨意。唐太宗却很不以为然,反而准备御驾亲征。尉迟敬德极力阻止,无奈唐太宗根本不听他的劝告。

"渊盖苏文弑君,侵凌邻邦,不理会我下的诏书,能任由他胡作非为吗?要是不让他见识到我朝的威严,怕是要打到这儿了。初征不顺利,民间一定会有许多流言,要破除这些流言,我就得亲自出征。"从不服输的唐太宗态度强硬地说。唐太宗的这种性格不但使他遇到挫折决不懊丧退缩,而且挫折阻力越大,他征服的雄心就越浓厚。虽然有许多大臣不赞成他东征,可是没有人能够有说服他的能力与勇气,御驾亲征便成了事实。

贞观十八年(644年)年底,唐太宗亲自率领10万大军及500艘兵船、数万匹战马,浩浩荡荡地朝辽东开去。第二年二月,大军开始从定州(今河北定州)分水陆两路向朝鲜半岛进攻。在开拔的前一刻,唐太宗穿着戎装,威风凛凛地站在城门口对着大军进行战前鼓励。

"各位将士,今天这一战关系着我们大唐的声威,所以我们一定要卖力地打。现在我们分水陆两军进攻,水路由张亮带领500艘船和4万雄兵,从山东出海直攻平壤。陆路由李勣率领,带步、骑兵共6万人,直杀入辽东城,我会和你们一起并肩作战的,希望我们马到成功,水陆两军不用数日就能在朝鲜半岛上会合。预备,出发!"一声令下,训练有素的军队就踏上了征途。

唐太宗站在城门口目送着军队的离去,等到最后一

第四章 千古明君

营预备开拔时,他转身对太子李治说:"我这一件衣服要等到凯旋荣归时才脱下来。"一边说一边指着自己身上的褐色战袍。

"陛下,您身边只带10名卫士会不会太危险了?"长孙无忌担忧地问。

"别的战士还没有卫士呢,你怎么不替他们担心?你放心吧,我可是身经百战啊!"唐太宗亲切地拍拍无忌的肩膀戏谑地说。说完就和太子与送行的朝臣告别,策马直奔辽东。

唐军因皇帝御驾亲征,士气十分旺盛,沿途势如破竹般一下子便攻破了10座城池,斩了敌兵数万人,不多久大军就包围了辽东城。

"报告,张总管的大军已经登陆了,现在正向平壤进拔。"贞观十九年(645年)六月,战云密布,水路军已在岛的另一端敲起了进攻的战鼓。

"我们配合水路的攻势前后夹击,看渊盖苏文这一群叛兵服我不服?"唐太宗立刻下达作战的命令。

第二天唐军便进攻安市城(在今辽宁盖州市东北)。在攻安市城前,唐太宗就得知安市城地势难攻,安市城领兵将领不仅机智勇敢,而且有一支强大的守城部队。渊盖苏文在高丽摄政后,安市城首领拒绝接受渊苏盖文摄政。渊苏盖文曾发兵攻打安市城,但没有成功。唐太宗打算先攻打防守相对薄弱的建安城（今辽宁营口）。先拿下安市城南边的建安城，安市城就不攻而破了。李勣对此表示反对，他认为如果唐太宗先攻建安城，安市城就会切断唐军的粮食供给，使唐军陷入被动的地步。唐太宗听从了他的建议，决定还是先围攻安市城。

当唐太宗带着大军到达安市城后，安市城的士兵见到唐朝的旗帜就在城墙上大声谩骂，唐太宗大怒。李勣便请求唐太宗攻下安市城后屠城，这使得安市城的士兵更加奋勇抵抗唐军。就这样，两军一直对峙着，唐军怎么都攻不下安市城。

一天，唐太宗视察敌情时，从安市城中听到传出杀鸡宰猪的声音。他猜想可能是在宴请守城将士，准备夜间偷袭，忙命部下做好防止高丽军晚上突袭的准备。不出所料，安市城士兵当晚果真对唐军进行了突袭。不过早有防备的唐太宗，亲自率兵击退了他们的进攻。

此时，唐朝另一大将李道宗开始在安市城的东南堆筑一个用于进攻安市城的土山。为此，安市城不断加高东南边的城墙。双方这样对峙了两个月后，李道宗命部下堆筑的土山已经高到可以看到安市城的里面。于是，李道宗和他的手下傅伏爱登上了土山顶。忽然，土山出现了倒塌，并倒在了安市城的城墙上，安市城的城墙也因此倒塌。傅伏爱这时却擅离职守，安市城的士兵趁乱发动进攻占领了土山,并使其成为安市城防守的武器。唐太宗一怒之下,公开处死了傅伏爱,并下令对土山进行猛烈反击,但打了三天也没攻下来。

这里的冬天又来得特别早,虽是九月却已是北风凛冽寒意彻骨了。

"陛下,御寒的衣物再不赶紧送来的话,我们的军队可就难支持下去了。"李勣焦急地对唐太宗说。

"不必再等冬衣了,明天我们就拔营回京师。"唐太宗坚毅而肯定地说。

"那岂不是前功尽弃了?"尉迟敬德在一旁大喊。

"人生哪有一帆风顺的际遇呢?我这一局虽输了,但谁敢保证我下一局赢不了呢?"唐太宗无限感慨地说,"这次战役可说是我孤意独行坚持要来打的,所以失败的责任就由我一人来担负,不能再为赌这一时之气,而使我的部将冻死在这里。"

李勣和尉迟敬德喉头一紧,再也说不出一句话。这两人跟随唐太宗10多年,对唐太宗可谓了如指掌,此时唐太宗心中有多难过,他们能深切地体会出来。

"回去以后我要建一座寺庙,把丧生在辽东战场的士兵灵骨都供奉起来,以告慰他们的在天之灵。"唐太宗哽咽着说,"我现在才深刻体会出谏臣的重要。如果魏徵在世,他一定不会让我这么莽撞发兵的!"第二天,唐军开

唐太宗传

始撤退回京。

贞观二十一年(647年),唐太宗50岁。由于年少时连番征战,即位后又每天为国事操劳,再加上从高丽回来后得上了痛疽(一种毒疮),唐太宗的身体已经被病痛折磨得十分虚弱了。

"父王,您好些了吗?"太子李治关切地询问。

"完全好了,我不会这么容易就被打垮的。"唐太宗苍白的脸上浮现出充满自信的笑容。

这一场病虽然痊愈了,但唐太宗的健康已大不如往昔,他自己也觉察到这一点,除了依御医吩咐按时服药外,对政事仍旧丝毫不肯懈怠。

一晚,时至三更,他还在灯下奋笔疾书,李治忍不住走进书房对他说:"父王,身体要紧,这么晚了您也该休息了,不要再写了。"

唐太宗抬起头望了儿子一眼,将写好的一叠纸交给他:"这是写给你的,总共有12篇,称之为《帝范》,是告诉你怎么做皇帝的。"唐太宗轻拍身旁的椅子,拉李治坐下来。

"记得当初你祖父曾问过我,怎样才能算是个好皇帝。我说:'要亲民、爱民、不扰民。'几十年过去了,我还是认为只要做到这些就是个好皇帝。你可得认真记着,以后一定要立志做个好皇帝,不但要体恤百姓,更要知人善用。一登临帝位,那无上至高的权势很容易使人忘记以往的誓言,如果没人在一旁谏阻,你很可能会走上一意孤行的道路,所以一定要多听谏臣的意见,知道吗?"

"知道了,父王您先去休息吧,等我熟读《帝范》以后,我们再详谈,好不好?"

"不仅是《帝范》,还有魏徵写给我的谏疏你也该看看。如果能有另一个魏徵在,我就不必这么担忧了!"唐太宗边叹气边走入内宫。

贞观二十二年(648年),唐朝的军队在中天竺打了场胜仗,王玄策俘虏了中天竺的国王阿罗那顺及兵卒万余人回京,这是大唐兵力第一次到达西域之南的天竺。

原本唐太宗是派王玄策出使中天竺,没想到会与中天竺进行战争,还俘虏了他们的国王。王玄策到达中天竺时,当初与玄奘法师交情深厚的戒日王已经去世,新王不仅不肯承认大唐,更派人捉拿前去的大唐使臣,王玄策只好到吐蕃借兵前去攻打。

唐太宗指着阿罗那顺气愤地问他这么做的原因。阿罗那顺跪在地上直磕头求饶,并答应从今以后一定臣服天朝,再也不敢对天朝无礼了,唐太宗这才放他回国。经此一战,大唐的势力越过西域,伸展到天竺,声威更加远播了。

贞观二十三年(649年)元月,唐太宗再度病倒了。

之前，他由于病痛的折磨听信和尚蛊惑之言，食用"长生不老"的丹药，这也是唐太宗病情加剧的一个原因。他不停地下痢，御医们用尽药石也无法止住他的腹泻，眼看着他就这样一天天地消瘦而束手无策。

五月二十日，唐太宗召集了太子李治、长孙无忌等人在内宫中深谈。唐太宗要交代给太子李治几件事。他说：

> 这几年高丽桀骜不驯，越来越不把大唐放在眼里。我曾暗中派李勣、牛进达去小规模作战，但总是没有很大的收获。打赢这场战争的责任就要落在你的肩上了，这是我这一生在军事上唯一的缺憾。治儿，你一定要替我打赢这场战争，使大唐的国威再度在朝鲜半岛显扬。

> 还有，你即位后一定要谦虚，因为你没有为大唐建立丝毫功勋，这个帝位得来可说是全不费气力。现在四夷都已被平定，你要用心治理政事才可保有现在的盛世，你若骄奢怠惰，这片大好的江山可就要毁在你手上了。要知道创业不易，守成更难，你一定要珍惜父辈们千辛万苦打下来的江山啊！

唐太宗拉过长孙无忌的手，让他时常督促太子，协助太子做个好皇帝。

说到这里，唐太宗的精神已逐渐不支，他慢慢地躺了下来,用虚弱的语气说:"林深则鸟栖,水广则鱼游。要宽宏大量,能容人,能用人,必须先要求自身的修养,再去要求别人……"语气越来越弱,一代英主就这样离世了。宫外等候上朝的大臣都跪下来默祷。唐太宗崩逝后,被葬在了昭陵,与长孙皇后合葬在了一起。

一代圣帝唐太宗李世民就这样走完了他绚丽灿烂的一生,他的功绩将流传千古。